KB146434

살아남기 위해

필요한
고통

살아남기 위해

필요한
고통

인간은 왜
취하고 상처 내고
고립되는가

마쓰모토 도시히코 지음
김영현 옮김

다다
서재

차례

일러두기

1. 이 책에서 「의사는 왜 처방을 해버리는가」를 제외한 나머지 글들은 월간 『미스즈(みすず)』 2018년 5월호부터 2020년 12월호까지 실린 부정기 연재 '의존증, 바꿀 수 있는 것/바꿀 수 없는 것'에 가필과 수정을 하여 수록한 것입니다. 등장하는 환자들의 익명성을 보장하기 위해 신상 정보의 세부를 변경했습니다.
2. 본문의 각주는 옮긴이의 것입니다.
3. 외래어는 국립국어원 외래어 표기법을 준수하되, 일부는 일상에서 널리 쓰이는 표기를 따랐습니다.
4. 본문에 언급되는 도서 중 한국에 번역 출간된 도서는 한국어판의 서지 정보를 수록했습니다.

재회—나는 왜 의존증 임상에 빠졌는가

○

학회와 연구회에서 강연을 하고 나면 청강한 젊은 정신과 의사들이 종종 이런 질문을 한다. "왜 선생님은 의존증* '같은 거'에 관심을 가지셨나요?"

이 질문에 숨은 뜻은 이렇다. '기껏 의사가 됐는데 이상한 냄

• 원서에는 '어딕션(addiction)'이라고 쓰여 있다. '어딕션'을 한국에서는 흔히 '중독'이라고 번역하지만, '중독'은 '음식과 약물 등의 독성에 의해 기능장애가 일어난 상태(예: 연탄가스 중독)'와 '술과 약물 등을 지나치게 복용하여 그에 의존하는 병적인 상태(예: 알코올 중독)'라는 두 가지 의미를 동시에 지니고 있기에 때로 혼동을 일으킨다. '어딕션'을 '탐닉장애'로 번역하기도 하지만, 부정적인 뉘앙스가 치료에 악영향을 미친다는 이유로 지양하기도 한다. 그 때문에 일본에서는 굳이 번역하지 않고 '어딕션'이라고 하는 경우가 많다. 이 책에서는 '알코올 의존증'의 예에 따라 '어딕션'을 '의존증'이라고 옮겼다. 참고로 한국에서 알코올 의존증의 공식 질환명은 '알코올 사용장애'다.

새가 나는 만취한 노숙인의 욕설과 문신을 새긴 무서운 환자의 공갈을 참으면서 진료해야 한다니, 말도 안 된다.' 실제로는 결코 그런 환자들만 있지 않지만, 아예 없지는 않기에 편견 가득한 그 의견에도 일리가 있긴 있다.

어쨌든 이 질문에 내 대답은 간단하다. "제 의지와 상관없이 인사 발령 때문입니다."

거짓말은 아니다. 발단은 지금으로부터 20여 년 전. 당시 대학교 정신과 의국의 연계 병원이었던 의존증 전문병원에서 한 의사가 급작스레 퇴직하는 바람에 그 인기 없는 자리의 후임을 둘러싸고 약간 시끄러운 일이 벌어졌다. 그리고 아름답지 않은 양보 끝에 "1년만 참아줘."라는, 아무런 보장도 없는 구두 약속만 나눈 채 나는 의존증 전문병원 발령을 받아들였다. 의사가 되고 5년째 되던 해였다.

그렇지만 지금 돌이켜보면, 그 발령을 계기로 내 의사 경력이 본격적인 시동을 걸었던 것 같다. 물론 나 자신이 지금껏 의존증 전문가로 '먹고살았기' 때문이지만, 이유는 그것만이 아니다. 내가 자해와 자살 예방에 임하며 활용하는 방법은 전부 의존증 임상에서 터득한 것이기 때문이다. 무엇보다 의존증 임상은 정신과 전문의로서 실력을 갈고닦기 좋은 곳이었다. 의존증 환자가 알코올이나 약물을 끊게 하는 치료약 따위는 존재하지 않는다.

그 때문에 신출내기 정신과 의사는 '약을 처방하지 않고 뭘 할수 있을까.'를 필사적으로 고민했고, 그 덕에 환자를 돕는 사람으로서 선택지를 늘릴 수 있었다.

의존증 임상에 처음 발을 들였을 때부터 나는 같은 의존증이라도 알코올보다는 약물 쪽에 강하게 마음이 끌렸다. 알코올과약물, 같은 의존증이라도 다른 점이 많다. 특히 증상이 나타나는연령이 다르다.

전형적인 알코올 의존증은 학교를 졸업하고 취업하여 사회에적응하며 생활하다 서서히 나타난다. 환자가 전문병원과 연결될때는 이미 40대 후반에서 50대가 되어 있다. 알코올 의존증은백전노장인 중노년 남성이 걸리는 병이다.*

약물 의존증은 그렇지 않다. 대부분 10대 중반에 사회 부적응 행동(=비행)의 하나로서 불법약물을 남용하기 시작한다. 그뒤에 학교 교육에서 낙오되고 체포와 복역을 경험하여 사회 경험이 거의 없는 채 빠르면 10대 후반, 전형적으로는 20대에서30대 전반에 전문병원과 연결된다. 그리고 잊어서는 안 되는 사실은, 약물 의존증 환자들이 인생 초기부터 '기분을 전환해주는'

---

* 한국의 경우도 비슷하다. 국민건강보험공단이 발표한 2018년 통계에 따르면 알코올 사용장애로 진료를 받은 환자는 남성이 여성보다 약 3.4배 많다. 또한 연령별로는 40대, 60대, 50대 순으로 진료 환자가 많았다.

물질을 원하는 배경에는 가혹한 성장 과정이 존재하는 경우가 많다는 것이다. 그런 경험이 주위 어른을 향한 불신, 나아가 사회 전체에 대한 불신을 만들어내고, 그들 내면에서 법률이라는 공공 규칙의 중요성을 상대화한다.

나는 약물 의존증 환자의 어린 나이, 그리고 그로 인한 위태로움에 끌렸다. 일반적으로 젊음이란 마음의 가역성이 뛰어난 것을 뜻하고, 그 덕에 정신과 치료에서 젊음은 긍정적으로 작용할 때가 많다. 하지만 의존증 치료에서는 반드시 그렇다고 단정할 수 없다. 외려 젊음은 '잃을 것이 없음'을 의미하고, 자칫 잘못하면 파멸을 향해 그대로 뛰어내리는 듯한 자기 파괴적 행동으로 이어지기도 한다.

의외일 수도 있겠는데, 사실 의존증 임상에서 일하는 정신과 의사들 중에서 '알코올 의존증 환자보다 약물 의존증 환자에게 끌린다.'라는 사람은 소수다. 안타깝게도 의존증 전문의 중 많은 이들이 약물 의존증 환자는 되도록 진료하지 않길 바란다. 그중에는 "알코올 의존증은 병이니까 치료가 필요하지만, 약물 의존증은 범죄니까 의료의 문제가 아니다."라고 거리낌 없이 주장하는 이들도 있다.

다행인지 불행인지, 나는 의존증 임상에 처음 발을 들였을 때부터 약물 의존증 환자에 대한 저항감이나 기피감이 없었다. 심지어 팔뚝에 수많은 '담배빵' 흔적이 있는 금발의 '시너 소년'을 진찰할 때마다 오래된 친구와 재회한 듯한 반가움마저 느낀다.

그렇다. 그것은 분명 '재회'다. 나 자신의 사춘기와 다시 만난다는 의미이기도 하고, 의존증 임상이 애초부터 내 운명에 새겨진 일이라는 사실을 거듭 확인한다는 뜻이기도 하다.

이 책을 시작하면서 내가 의존증 임상에 종사하기 훨씬 전에 경험한, 그리고 그 후의 임상에도 영향을 미친 사춘기 시절의 일부터 이야기하겠다.

나는 가나가와현 서부에 있는 오다와라시에서 태어나고 자랐다. 사정을 모르는 사람들은 가나가와현이라는 지역만 듣고 세련된 이미지를 떠올릴지도 모르겠다. 하지만 그것은 요코하마나 가마쿠라, 하야마 같은 번화하고 부유한 곳에 현혹된 오해에 불과하다. 내가 태어나고 자란 가나가와현 서부로 말하자면, 이른바 '양아치 문화'가 짙게 남아 있는 시골이며 빈말이라도 질 좋다고는 할 수 없는 곳이다. 특히 내가 중학교를 다닌 1980년대 전반에는 오다와라시 근교의 학교에서 벌어지는 교내 폭력이 심각한 사회문제였을 정도다.

내가 다닌 공립중학교 역시 그런 학교였다. 학생들의 폭력 행위가 일상적으로 발생했고 교실 유리창과 문은 항상 어딘가 부서져 있었다. 그 탓에 건물 전체에서 폐허 같은 느낌이 풍겼다. 학생들이 교사를 폭행하는 사건도 종종 일어났다. 나는 날뛰는 동급생을 경찰관들이 양쪽에서 붙잡고 강제로 경찰차에 밀어넣는 충격적인 장면을 목격하기도 했다.

그런 폭력이 없는 날이라 해도, 쉬는 시간에 화장실을 가보면 학교가 결코 평온하지 않다는 걸 대번에 알 수 있었다. 화장실에서는 항상 담배와 시너의 냄새가 났고, 세면대에는 담배꽁초나 누군가 시너를 흡입할 때 쓰고 버린 비닐봉지가 있었다. 체육관은 폭력서클 학생들이 섹스를 한다는 소문이 돌아서 함부로 접근하면 안 되는 곳이었다.

물론 그런 일탈 행위를 하는 이들은 전체 학생의 10퍼센트도 채 되지 않는 폭력서클이었다. 하지만 서클에 소속되지 않았어도 그들의 행동을 지지하고, 그들의 가치관에 찬동하며, 스스로 조금은 일탈 행위를 하는 '친폭력서클'이 전체 학생의 30퍼센트 정도는 되었다. 그리고 어디에도 포함되지 않는 60퍼센트의 학생에게도 그런 학교의 분위기는 무시할 수 없는 영향을 미쳐서 학교 전체의 공기가 무겁게 가라앉아 있었다. 내 개인적인 인상이지만 당시 동급생 중 80퍼센트는 흡연을 경험했고, 시너처럼 법에서 규제하는 약물도 학생 중 절반이 최소 1회 이상 경험했을 것 같다.

당시 학생 대부분은 한편으로 폭력서클이 자신들을 대변하는 용감한 전사라고 생각했던 듯하다. 교내 폭력의 폭풍이 불어대기 전에도 학교는 다른 의미로 지옥이었기 때문이다.

　학생들은 운동부 출신 교사들이 심한 체벌로 탄압하는 공포정치에 떨면서 학교생활을 해야 했다. 수업 중에 누군가 잡담을 하거나 하품을 했다는 이유로 갑자기 교사가 뚜껑이 열려서 '연대책임'을 내세우며 그 학생이 속한 조 전체의 따귀를 갈기는 일들이 일상적으로 일어났다. 그래서 우리는 수업 중에 온몸을 긴장하고 입을 다문 채 숨도 되도록 조용히 쉬었다. 가끔은 공포가 너무 심해서 필기하는 손이 떨리기도 했다. 점심시간에도 실없는 농담을 나누며 떠들썩하게 웃지 못했고, 살벌한 교실에서 숨죽인 채 퍽퍽한 빵을 목구멍에 쑤셔 넣었다.

　그러던 와중에 학생들이 가장 두려워하던 체벌 교사를 동급생 중 한 명이 구타하여 쓰러뜨리는 일이 일어났다. 그날부터 상황은 급변했다. 폭력서클에 동조하는 몇몇 학생들이 일제히 봉기해서 폭력으로 교사들을 제압해버린 것이다. 체벌 교사를 등에 업고 지도력을 유지하던 교사들 대부분은 갑자기 저자세가 되어 폭력서클 학생들에게 알랑거리기 시작했다. 폭력서클 학생이 눈앞에서 담배를 피우고 있어도 누구 하나 화내지 않고 그저 "너무 피우지는 마라."라고 웃으며 충고할 뿐이었다.

교사들은 성실한 학생들을 대할 때는 전처럼 엄한 태도를 유지했다. 예컨대 폭력서클에 소속되지 않은 학생이 흡연하는 장면을 목격하면 불꽃처럼 화를 내며 다짜고짜 양쪽 따귀를 번갈아 때렸다. 교사들의 불공평한 대응은 학생들의 교사 불신을 부추겼으며, 그와 동시에 폭력서클 지지자도 늘어났다. 그런 생각은 마치 건조한 겨울날의 산불처럼 순식간에 교실 전체로 퍼졌고, 교사들에게 용감히 맞서는 폭력서클 멤버는 마치 혁명가처럼 존경을 받았다.

더 이상 누구도 교사의 체벌을 무서워하지 않았다. 따귀를 맞는 것이 아이들의 마음에 '아픔'으로 새겨지는 이유는 신체적인 고통 때문만은 아니다. 동급생들의 차가운 시선이 모인 가운데 따귀를 맞는다는 치욕스러운 상황이야말로 마음에 강하게 꽂힌다. 그러나 당시 학생들 대부분은 교사의 체벌을 정당한 것이라고 여기지 않았기에 따귀를 맞은 학생을 '용자' 혹은 '순교자'로까지 보았다.

이런 중학생 시절의 경험에서 내 나름 배운 것이 있다. 폭력으로 하는 지배는 반드시 또 다른 폭력을 낳는다는 것이다.

학교가 거칠어지며 그 전보다 확실히 나아진 것도 있었다. 바로 교실 여기저기에서 벌어지던 음험한 괴롭힘이 없어진 것이다. 교사들이 체벌로 학생들을 제압하던 무렵, 교실에서는 차례

차례 누군가를 표적으로 삼는 음험한 괴롭힘이 다발했다. 하지만 학교 자체가 거칠어지자 모든 공격성이 교사에게 향하며 얄궂게도 학생들 사이에서는 연대감이 싹텄다.

어쨌든 당시 학교에서 내 위치는 생각하면 할수록 미묘한 것이었다. 무엇보다 나는 그때껏 한 번도 흡연을 하지 않았고 당연히 시너도 흡입한 적이 없었다. 성적이 좋았고, 그 공포 지배 아래에서 단 한 번도 따귀를 맞지 않은 희귀한 학생이었다. 그에 더해 학생회 임원이기도 했다. 학생회 임원이었기에 설령 심정적으로는 폭력서클에 공감할지라도 그것을 공식적으로 드러낼 수는 없었다. 어디까지나 교사 측(=체제 측) 인간으로서 치안 유지에 힘써야 할 책임이 있었다.

당시 내가 무엇보다 싫어했던 것은 교사와 폭력서클 사이에 벌어지는 난투극이었다. 입장이 있으니 나는 그 소동을 멈추기 위해 끼어들어야 했는데, 대체로 교사도 학생도 극도로 흥분한 상태였기에 종종 양측이 마구잡이로 날리는 주먹에 얻어맞곤 했다. 심지어 그런 치안 유지 활동을 다른 학생들에게 목격당하면, 배신자라는 오명을 뒤집어쓸 위험성도 있었다. 지금이니 고백하지만 언젠가부터 나는 학교에서 난투극이 벌어진 걸 알면 혼자 조용히 화장실로 숨어들었다.

국경의 분쟁 지대 같은 하루하루를 보내며 학생회에서는 학교를 조금이라도 제대로 되돌리기 위해 우리가 무슨 일을 할 수 있을까 거듭해서 의견을 모았다. 물론 당시 나의 개인적인 심경을 솔직히 말하면, 폭력서클이 무슨 짓을 저지르건 내 알 바 아니었다. 나는 얼른 고등학교에 진학해 이 악몽 같은 중학교에서 도망치고 싶었다.

그럼에도 내가 매일 밤늦게까지 학생회실에 남아 학교의 상황을 개선하려고 진지하게 논의한 것에는 다른 이유가 있었다. 내가 학생회 임원 중 한 여학생—공부를 잘하고, 브라스 밴드에서 어려운 목관악기를 담당하고, 길고 검은 생머리를 하여 누가 봐도 '곱게 자란' 듯한 동급생—을 애절하게 짝사랑했던 것이다. 당시 나는 어처구니없을 만큼 숙맥이어서 그 아이와 함께라면 똑같은 이야기만 반복하는 아무리 지루한 자리라도 행복하게 있을 수 있었다.

여하튼 임원끼리 논의를 거듭한 끝에 학생회에서는 한 가지 계획을 세웠다. 바로 흡연과 시너 문제를 줄이자는 것이었다. 당시 우리의 방침을 정리하면 다음과 같다. 결코 폭력을 허용해서는 안 되지만, 폭력서클의 분노에는 정당한 점이 있고, 그 점은 교사들이 해결해야 하는 문제니까 학생회는 손대지 않는다. 하지만 동급생의 건강과 관련한 문제는 간과할 수 없다. 그러니 누군가 교내에서 흡연이나 시너 흡입을 하는 걸 목격하면 "몸에 나빠. 네 건강이 걱정돼."라고 말을 걸자. 주의나 질책이 아니라 어디까지나 걱정을 한다는 것이 중요하다.

그 뒤로 우리는 쉬는 시간과 방과 후에 교내의 화장실이나 체육관 뒤편을 돌아보면서 흡연과 시너 흡입을 하는 동급생이 있으면 말을 걸기 시작했다. 다시 말해, 나는 이미 중학교 때부터 의존증 회복 지원을 흉내 냈던 셈이다. 물론 호락호락한 일은 아니었다. 당시 폭력서클의 학생들이 자주 했던 말이 있다. "담배도 시너도 안 하는 놈한테 잔소리 듣기 싫어. 너도 어느 정도 해보고 그러면 나도 그만둘 노력은 해볼게." 때로는 반쯤 장난삼아 강제로 담배를 피우게 하려고 했다. 그럴 때 나는 굳게 입을 다물고 입 속을 침범하려는 담배를 필사적으로 거부했다.

그들은 노골적으로 담배나 시너 경험이 있는지 없는지에 따라서 인간을 두 종류—'이쪽'과 '저쪽'—로 나누었다. 즉, 담배와 시너는 같은 편인지 아닌지 구분하는 '사상 검열' 수단이었으며, 자기들끼리 유대를 확인하기 위한 신성한 의식으로서도 기능했다.

그렇지만 신기하게도 사람은 보고도 못 본 척하는 사람보다 시끄럽게 잔소리하는 사람에게 더 친근감을 느끼는 모양이다. 학생회 임원이 참견할수록 폭력서클과 우리의 심리적 거리는 점점 가까워졌고, 폭력서클 중 몇몇은 방과 후에 수다를 떨러 학생회실에 놀러 오기도 했다.

　그런 폭력서클 멤버 중에 나와 초등학교 동창에 어릴 적에는 동네 학원을 함께 다닌 동급생이 있었다. 그는 똑똑한 소년이라 별로 공부를 하지 않아도 시험에서 나를 위협하는 높은 점수를 받았다. 나와 친구는 학원이 끝나고 귀갓길에 함께 서점에서 만화책을 읽거나 서로 만화책을 빌려주는 사이였다. 나는 내심 그를 위협적인 대상으로 여기기도 했다. 만약 친구가 진지하게 공부하면 나 따위는 도저히 따라잡지 못할 거라고 생각했다.

　그런데 중학교에 입학하자 그의 외견이 180도 달라졌다. 머리카락을 금발로 물들이더니 불꽃처럼 위로 바싹 세웠고, 누가 봐도 불량학생처럼 교복을 변형하여 입고는, 학교 복도를 마치 어깨로 바람을 가르듯이 활보했다. 우리 두 사람은, 한쪽은 따귀를 맞는 쪽으로 다른 쪽은 맞지 않는 쪽으로 갈라졌다. 그런 입장 차이로 인해 나는 줄곧 꺼림칙한 감정을 느꼈고 그를 대할 때 어딘지 서먹한 태도를 취하게 되었다.

　그렇지만 그런 응어리는 내게만 있는 것 같았다. 친구는 방과 후 학생회실에 들러서 거리낌이라고는 전혀 없는 태도로, 심지어 넉살 좋게 나에게 말을 걸어주었다. 그 덕에 나는 그와 초등학교 시절 같은 친밀한 관계를 되찾았다. 겉모습이 아무리 달라져도 그의 본질은 하나도 바뀌지 않았음을 깨달았다. 다만 전과 비교해 결정적으로 다른 점이 있었다. 바로 친구의 숨에서 항상 담배와 시너가 섞인 묘한 냄새가 풍겼다는 것이다.

오랜만에 친구와 대화하면서 두 가지 사실을 처음 알게 되었다. 한 가지는 그가 클래식 음악 애호가였다는 것이다. 당시 불량학생들이 모여 있던 곳에서는 대체로 야자와 에이키치나 요코하마 긴바에 같은 록 음악이 흘렀다. 그 때문에 친구의 취향은 무척 뜻밖이었지만, '언제 어디서 얻은 지식인지 몰라도 왠지 박식'하다는 점은 그야말로 그다웠다. 그 뒤로 나는 친구가 클래식 곡을 추천해주면 카세트테이프에 녹음해달라고 했고, 집에서 여러 번 들은 뒤 감상을 들려주었다. 그때껏 나는 클래식 음악에 전혀 관심이 없었는데, 친구 덕분에 조금씩 지식을 쌓았고 좋아하는 곡들도 생겼다.

새롭게 알게 된 또 다른 사실. 중학교 입학 직후 친구의 부모님이 이혼했고 현재는 모친과 둘이서 살지만, 모친은 새로 사귄 애인과 함께 있느라 거의 집에 돌아오지 않기 때문에 친구가 혼자 사는 것이나 마찬가지인 상황이라고 했다. 나는 중학교 입학 후 친구의 생활이 변화한 것에는 그런 가정 상황이 영향을 미쳤는지도 모르겠다고 생각했다.

방과 후 대화를 매일매일 반복하는 사이에 친구의 교복에서 더 이상 담배와 시너 냄새가 나지 않는다는 걸 깨달았다. 아니, 내 착각이었는지도 모른다. 하지만 매일 방과 후 학생회실에서 이야기하는 동안은 불량학생들과 떨어져 있으니 적어도 그 시간만큼은 확실히 담배도 시너도 흡입하지 않았다. 그런 점을 고려하면 학생회실에서 한 교류는 친구의 약물 사용을 줄이는 데 도움이 되었다고 할 수 있다.

친구와 학생회실에서 나누는 대화에 내가 짝사랑하는 여학생이 끼어들기도 했다. 그 여학생은 브라스 밴드 활동을 하는 만큼 아무래도 클래식 음악을 잘 알았다. 그래서 음악이 화제에 오르면 친구는 나보다 그 여학생과 이야기꽃을 피웠다. 그런 장면과 마주칠 때마다 나는 친구를 질투했고, 약간 원망하는 마음을 품기도 했다.

그렇게 3학년 1학기를 마치고 여름방학이 되었다. 친구와 학생회실에서 나누는 대화는 잠시 중단되었지만, 나는 여름방학이 끝나면 다시 시작될 거라고 믿었다.

그렇지만 9월이 되어 2학기가 시작되어도 친구는 학생회실에 오지 않았다. 아니, 애초에 등교를 하지 않았다. 나는 학생회실에서 짝사랑하는 여학생과 그 자리에 없는 친구에 대해서만 이야기했다. 그러다 갑자기 불길한 예감이 들어서 폭력서클의 다른 학생에게 친구의 행방을 물어보았다. 그가 알려준 친구의 근황은 놀라웠다. "여름방학 때 다시 시너에 손을 대서 경찰에 붙잡혔어. 지금쯤 소년원에 있을걸."

그다음 친구와 만날 수 있었던 것은 중학교의 마지막 날, 졸업식 날이었다. 1년 전부터 매일같이 소란스러웠던 학교도 그 무렵에는 평온을 되찾아 화장실에는 담배꽁초도 시너 흡입을 한 흔적도 눈에 띄지 않았다. 아마 폭력서클에서도 뒤늦었지만 연말쯤부터 공부를 시작하거나 내신과 생활기록부를 신경 쓰는 학생들이 나타났기 때문일 것이다.

졸업식 날, 학교 측은 폭력서클이 그간 당했던 체벌에 대한 보복으로 교사들에게 '졸업 기념 다구리'를 놓지 않을까 우려해서 강당 앞에 미리 경찰차를 불러두었다. 하지만 기우였다. 졸업식에서 가장 요란하게 울음을 터뜨린 건 폭력서클 학생들이었다. 그들은 졸업식이 끝나자 교무실로 몰려가서 교사들에게 "지금까지 정말 감사했습니다!" "이제 담배도 시너도 끊었습니다. 안심하세요." 같은 말들을 하며 깊이 고개를 숙였다. 그리고 교실로 돌아가서 자기들이 구멍을 낸 교실 벽을 수리하기 시작했다. 그 모습을 본 교사들은 감격의 눈물을 흘리며 폭력서클 학생들을 차례차례 끌어안았다. 텔레비전 드라마에서 본 장면 같았다.

그 광경을 보면서 나는 어이가 없었다. 일련의 소동은 처음부터 이 결말을 위한 것이었고, 모든 일들이 처음부터 각본대로 진행된 것이었나 의심했을 정도다.

나는 교실에 있기 힘들어서 학생회실에 가보기로 했다. 나에게는 교실보다 훨씬 애착 있는 곳이었기 때문이다. 당연하지만 그 여학생이 있지 않을까 기대하기도 했다.

학생회실 문을 열자 정말 그 여학생이 있었다. 하지만 혼자가 아니었다. 누군가와 얼굴을 가까이 맞대고 무언가 심각하게 이야기하는 중이었다.

내가 들어가자 여학생이 고개를 들었다. 그리고 그에 호응하듯이 뒷모습만 보이던 대화 상대가 나를 향해 돌아섰다. 그 친구였다.

"여, 우등생! 졸업 축하해."

농담하는 듯한, 비꼬는 듯한 말투였다. 그에 더해 혀가 잘 돌아가지 않았고 조금 떨어져 있는데도 바로 알아챌 만큼 자극적인 시너 냄새가 났다. 역시 시너를 끊지 않았다는 데 낙담했고, 소년원까지 다녀왔는데도 정신 차리지 못한 데 화가 났다.

"나도 어제 소년원 졸업했어. 그래서 오늘은 이쪽 졸업식에 나오려고 했는데, 시너에 취한 놈은 안 된다고 하네. 졸업식이니까 힘도 낼 겸 한번 빨아도 괜찮을 것 같았는데. 할 수 없어서 이

방에서 너를 기다리고 있었어. 그런데 얘가 먼저 오더라고. 야, 맞지?"

친구는 동의를 구하듯 여자아이의 얼굴을 봤다. 그리고 옆에 대충 놓여 있던 커다란 백화점 쇼핑백을 집어 들더니 나에게 들이밀었다.

"주고 싶은 게 있어. 소년원에 음악 감상 같은 수업이 있었는데, 우연히 좋은 곡을 들었거든. 어제 소년원에서 나오자마자 사러 갔어. 네가 들으면 좋겠다. 빌려줄 테니까 가져가."

친구가 준 쇼핑백에는 라흐마니노프의 교향곡 LP 음반이 한 장 들어 있었다. 나는 당시에 아직 그 작곡가의 이름을 몰랐다.

"줄 수 있어서 다행이다. 그럼, 간다."

친구는 일어서서 손을 들고는 그대로 내게서 등을 돌리고 불안한 걸음으로 걸어갔다. 좌우로 비틀거리면서 학생회실을 나가는 친구의 뒷모습을 보며 생각했다. 내 뜻은 무시하고 일방적으로 '빌려준다'니 대체 뭐지? 애초에 이 음반을 언제 돌려주면 되는 거야? 오늘 졸업식인데, 앞으로 우리는 서로 다른 인생을 살텐데…라고.

친구가 나간 후 나는 책상을 사이에 두고 마주 보듯이 여자아이 앞에 앉았다. 그는 눈을 내리깔고 지금껏 본 적 없는 고민 가득한 표정을 지었다.

"무슨 얘기를 했어?"

뻣뻣한 분위기를 풀려고 아무 일도 없었던 듯이 노력하며 말을 걸었지만, 여자아이는 계속 잠자코 있었다.

정신이 아득해질 만큼 침묵이 이어진 끝에 여자아이가 겨우 입을 열었다.

"아까 물어봤어. 왜 아직도 시녀를 끊지 않았냐고. 그랬더니 이러더라. '사람은 나를 배신하지만, 시녀는 배신하지 않으니까.' 너무 슬펐어."

말을 한 번 멈추더니 잠깐 숨을 돌리고 다시 입을 열었다.

"그래서 물어봤어. '어떡하면 시녀를 끊을 수 있겠어? 내가 뭔가 해줄 게 있어?' 그랬더니 '너랑 한번 하게 해주면, 배신하지 않는 사람도 있구나 믿을 수 있어서 끊을 것 같은데.'라고 했어."

마음속 밑바닥에서 시커먼 감정이 치밀어 올라 아무 말도 나오지 않았다.

"나, 걔랑 해주는 게 좋을까?"

깜짝 놀라서 여자아이의 얼굴을 봤다. 내가 잘못 들은 줄 알았다. 하지만 마주 앉은 그의 표정은 심각했다.

그 질문에 내가 뭐라고 답했던가. 애초에 답을 하긴 했던가. 신기할 만큼 아무 기억이 없다. 그 기억만이 쏙 빠져나간 느낌이다.

머지않아 나는 고향에서 그럭저럭 명문인 고등학교에 진학했다. 안도감. 솔직히 그런 기분이 들었다. 더 이상 교사와 폭력서클의 난투극에 휘말릴 걱정을 할 일도, 갑자기 교실의 유리창이 깨지거나 벽에 구멍이 뚫려서 놀랄 일도 없다. 이제 악몽 같았던 중학교로 돌아갈 일은 없는 것이었다.

중학교를 졸업한 뒤 딱 한 번 두 사람의 모습을 멀리서 본 적이 있다. 고등학교 축제 뒤풀이를 하러 친구들과 밤에 번화가를 걸어가다가, 어깨를 나란히 하고 걸어가는 두 사람을 발견한 것이다. 얼핏 본 여자아이는 다른 사람 같았다. 머리카락은 갈색으로 염색하고 예전 같았으면 상상도 못 할 화려하고 어른스러운 옷을 입고 있었는데, 틀림없이 그 여자아이였다. 친구가 여자아이의 어깨에 팔을 둘러서 연인처럼 보였다.

그날 밤, 나는 난생처음 흡연을 경험했다. 멍하니 있는 내게 사정 모르는 친구가 우연히 "한 대 어때?"하고 담배를 권한 것이다. 나도 이해할 수 없는데, 그날은 왠지 친구의 제안을 순순히 받아들였다. 그렇게나 주위에 끊으라고 했으면서, 나도 필사적으로 거부했으면서.

충격적인 첫 체험이었다. 오랫동안 찾았던 퍼즐의 마지막 조각을 마침내 발견한 듯한, 마음의 굴곡을 메워주는 무언가가 딱 맞아떨어진 듯한. 과장이 아니라 정말 그런 느낌이었다.

이 이야기에는 슬픈 후일담이 있다.

중학교를 졸업하고 5년이 지난 어느 날, 바람결에 친구의 부고를 들었다. 자동차 사고였다고 한다. 부서진 차의 조수석에 약가루가 담긴 봉투가 있었는데, 아무래도 불법약물 같다고 했다. 각성제?* 아마 그랬을 것이다.

친구가 죽었다는 소식을 들은 것은 오다와라에서 멀어지고 싶어서 일부러 고향과 먼 곳의 의학부에 입학한 다음이었다. 이미 중학교 시절의 기억이 흐릿했기 때문인지 그다지 동요하지 않았다. 그렇게 형편없이 살았으니 일찍 죽는 것도 당연하다. 이 정도 느낌이었다.

그렇지만 내가 30세가 되어 약물 의존증 환자를 진료하기 시작하자 친구가 종종 생각났다. 진료실에서 만나는 환자 중에는 예전의 친구와 똑 닮은 미성년 환자나 친구와 비슷한 소년기를 보낸 성인 환자가 많았다. 그래서 내게 의존증 임상은 필사적으로 사춘기를 다시 그리는, 다시 생각하는 자리가 되었다.

중학생 때의 수수께끼도 풀렸다. 왜 친구는 그렇게까지 시너를 계속 흡입했고, 소년원을 다녀와서도 끊지 못했을까? 그 답

• 이 책에서 언급되는 각성제는 일상에서 흔히 접하는 카페인, 니코틴 등이 아니라 의존성이 강하고 부작용이 심각한 메스암페타민과 암페타민 등, 한국에서 이른바 '필로폰'이라고 하는 것을 가리킨다.

은 이렇다. 친구는 중학생 때 이미 시너 의존증이라는 '병'에 걸려 있었고, 소년원이 아니라 전문적인 치료를 받아야 하는 상태였던 것이다. 그리고 아마도 더욱 강한 자극을 원해서 언젠가부터 시너가 아니라 불법약물로 의존 대상을 바꾸었을 것이다. 전형적인 약물 의존증 환자의 약물 편력 패턴이다.

전문가를 칭하는 사람들의 거짓말도 깨달았다. 학교에서 이뤄지는 약물 남용 방지 강연에서는 "한 번이라도 약물에 손을 대면 의존증이 된다. 그러니 딱 한 번도, 안 돼, 절대로." 하는 말이 반드시 나오는데, 진위가 상당히 의심스럽다. 실제로 중학생 시절 시너를 흡입했던 동급생 중 대부분은 졸업하기 전에 시너를 끊었고 그 뒤로도 약물과 무관한 인생을 살고 있다. 그리고 애초에 그런 과장된 위협은 어른을 신뢰하지 않는 아이들에게 전혀 효과가 없다.

그렇지만 소수라고 해도 약물에 빠진 사람이 있는 것 역시 사실이다. 내 친구처럼. 내가 훗날 의존증 임상에서 만난 환자 중 많은 이들이 그랬다. 처음에는 친구들과 함께 즐거운 시간을 보내기 위한 도구였을 뿐인 약물이 어느새 친구를 배신하면서까지 매달려야 하는 대상으로 변한다. 아니면 친구와 연결되기 위한 것이던 약물이 어느새 사람을 멀리하고 소란스러운 세상을 차단하여 고고한 세계에 홀로 틀어박히기 위한 것으로 변한다.

모든 사람이 그렇게 되지는 않는다. 그렇게 되는 것은 항상 마음에 상처가 있는 사람들이다.

라흐마니노프의 어두운 정열이 샘솟는 음악을 들으면서 아직까지 끊지 못한 담배를 피우고 있으면 불현듯 친구의 말이 떠오른다.

"사람은 배신하지만, 약은 배신하지 않아."

나는 의존증 임상 현장에서 그런 말을 여러 환자에게 들었다. 그들은 안심하고 타인에게 의존할 수 없는 사람, 혹은 마음속에 덩그러니 뚫린 구멍을 '타인과 연결'되어 메우지 못하고 약이라는 '물건'으로 메우려 하는 사람들이다.

그렇지만 비뚤어지고 도전적인 표현으로라도 사람에 대한 절망을 사람에게 전하는 그 모순된 행위 자체가 '타인과 연결'되기를 원하는 마음을 드러내는 것 아닐까? 그 마음이 흐릿하나마 보이기에 일부 사람들은 선의를 품고 의존증 환자에게 손을 내민다. 하지만 의존증이라는 병은 결코 만만하지 않다. 손을 내민 이도 모르는 사이에 폭풍에 휘말리거나 개미지옥에 빠져버린다. 내 짝사랑 상대는 그렇게 휘말린 피해자 중 한 명이었던 것 같다.

아마 나 또한 휘말린 피해자일 것이다. 악몽 같던 사춘기에서 벗어나길 절실히 바랐지만, 얄궂게도 의존증 임상이라는 형식으로 다시금 예전 자리로 돌아가 그것에 빠져버린(의존한) 채 아직도 벗어나지 못하고 있다. 그래서 기나긴 여로의 시작이 그 인사 발령이었음을 떠올릴 때마다 나답지 않게 '운명' 같은 말을 쓰고 싶은 것이다.

구명부표를 던지는 사람

○

내가 의학부를 졸업한 1990년대 초반, 대학교 의국에는 '정신의학의 왕도는 조현병이며, 정신과 전문의란 조현병에 정통해져야 비로소 제 몫을 한다.'라는 암묵적인 명제 같은 것이 있었다. 별 뜻 없이 의학부에 입학하여 게으른 의대생으로 지내던 나는 일단 정신과 전문의가 되겠다고 결심한 이상 '제 몫을 해내겠다'는 목표를 세웠다. 그 '왕도'라는 게 정말 존재한다면, 반드시 그 길로 나아가고 싶었다.

그랬기 때문에 의존증 전문병원으로 발령이 났을 때, 나는 그 발령이 '좌천'과 마찬가지라고 받아들였다. 당시 나는 정신과 의사로 다섯 번째 봄을 앞두고 있었는데, 의존증 치료 경험은 전무했고, 교육과 연수를 받은 적도 없었다. 헤엄칠 줄 모르는 인간을 갑자기 바다에 던져버리다니, 이건 징벌 인사 아닌가. 이런 의심도 했다.

그때까지 나는 정신과 단과병원의 급성기 병동에서 근무하고 있었다. 각성제와 시너 때문에 환각과 망상 같은 급성 증상—약물 유발성 정신질환—을 보이는 환자가 많이 입원하는 병동이긴 했다. 당연히 나도 그런 환자를 치료한 경험은 있었다. 하지만 그런 경험과 약물 의존증 치료는 차원이 전혀 다른 일이었다.

오해를 무릅쓰고 말하면, 약물 유발성 정신질환의 치료는 간단하다. 물리적으로 약물과 분리된 환경을 조성하기 위해 폐쇄병동에 강제로 입원시키고 항정신병 약물을 투여한다. 그뿐이다. 환자의 마음이 어디에 있든 몸이 병동 내에 있기만 하면 그냥 놔둬도 2~3주 만에 환자의 정신 상태가 훨씬 개선된다.

그렇지만 진짜 문제는 그다음이다. 깨끗하게 제정신을 되찾고 퇴원한 환자가 맥이 빠질 만큼 간단히 약물을 다시 사용하는 것이다. 같은 환자가 단기간에 여러 차례 입원하는 경우도 드물지 않았다. 그런 점을 고려하면 내가 급성기 병동에서 제공했던 것은 '다시 약물을 즐길 수 있는 상태로 돌려주는' 치료라고 할 수도 있다.

그리스 신화의 시시포스처럼 영원히 바위를 굴리는 듯한 허탈감은 당시 젊고 의욕이 넘치던 내게서 기운을 앗아갔다. 어느새 내 속에서 약물 의존증 환자는 '진료하고 싶지 않은 환자 1위'에 올랐다.

그랬던 내가 의존증 전문병원에 부임하여 수많은 약물 의존증 환자를 치료해야 했다.

부임 첫날, 외래 환자 대기실을 빠른 걸음으로 지나치는데 시야에 들어온 환자들의 단편적인 모습이 너무 충격적이라 여기가 병원인가 헛갈릴 정도였다. 위로 삐쭉 세운 노란 머리카락, 짧은 소매 밖으로 나온 팔에 그려진 문신, 모히칸 헤어스타일과 선글라스, 코와 눈썹과 입술을 관통한 피어스….

그런 시각 정보가 내 깊은 곳에 잠들어 있었던 그립지만 가혹했던 중학생 시절의 기억을 자극했던 것은 사실이다. 하지만 그렇다고 해서 내가 처음부터 의존증 임상에 빠져들지는 않았다. 솔직히 말하면 속으로 반쯤 울면서 진찰을 했다.

당시 나는 진료실에서 환자와 무슨 이야기를 하면 좋을지조차 몰랐다. 의존증은 '보이지 않는 병'이었다. 진료실에서 마주앉은 환자의 대부분은 이미 환각과 망상이 사라져서 겉으로는 누가 봐도 평범한 사람이었다. 하지만 그들은 눈앞에 각성제 가루가 놓이면 심장 고동이 빨라지고, 온몸에서 진땀이 나고, 장의 연동 운동이 활발해져 변의가 치솟고, 약물 욕구에 몸부림치는 사람들이었다.

이 사람들이 각성제에 꿈쩍도 안 하는 체질을 손에 넣으려면 어떡해야 할까. 이 의문의 답을 도무지 짐작할 수 없었다.

고육지책으로 생각해낸 치료법은 '약물이 몸과 마음의 건강에 끼치는 피해를 환자에게 친절하고 정중하게 설명하는 것'이었다. 순진하게도 나는 환자가 약물의 위험성에 관한 지식이 없기 때문에 약물을 끊지 못한다고 생각했다. 그래서 약물이 건강에 끼치는 피해를 생생하게 알면 환자가 겁을 먹고 행동을 바꿀 것이라고 확신했다.

그렇지만 약물 피해를 환자에게 설명하기란 간단하지 않았다. 의존증 전문병원에서 환자를 진료하며 놀랐던 점은 각성제를 사용한다고 해서 누구나 환각·망상을 겪지는 않는다는 사실이었다. 그때까지 내가 근무한 급성기 병동에서 진료한 각성제 관련 환자는 전부 환각·망상 상태를 보였는데, 그들은 각성제 의존증 환자의 극히 일부에 불과했던 것이다.

오히려 전형적인 각성제 의존증 환자는 며칠 연속으로 각성제를 사용했을 때만 일시적으로 '경찰이 미행한다.' '도청당하고 있다.' 같은 망상을 체험한다. 그런 망상도 각성제를 끊고 하루 이틀만 지나면 금세 사라진다. 심지어 그런 증상을 전혀 경험하지 않은 채 20년 넘도록 각성제와 '좋은 관계'를 맺은 사람도 있다. 그렇기 때문에 그들이 각성제의 폐해에 질리지 않고 몇 년에 걸쳐 반복적으로 사용할 수 있는 것이다.

현실이 그랬기에 내가 정신 건강에 미치는 각성제의 피해를 과장해서 말해봤자, 환자들은 '쫄기'는커녕 "저 의사, 거짓말하네."라며 비웃을 뿐이었다.

그래서 나는 생각을 바꾸어 이번에는 각성제가 신체에 미치는 악영향에 초점을 맞추려고 했다. 가장 손쉬운 방법은 혈액 검사를 하고 내장이 손상되었다는 근거가 되는 데이터를 환자에게 제시하는 것이었다.

그렇지만 그 방법 역시 금방 단념할 수밖에 없었다. 난처하게도 각성제 의존증 환자의 대부분이 혈액 검사 결과가 정상이었기 때문이다. 당시에는 이미 젊은 각성제 의존증 환자들 사이에서 각성제를 정맥주사가 아닌 기도 흡인(가열 흡연 섭취, 일본에서 속칭 '아부리ァブリ'라고 한다.)으로 섭취하는 방식이 주류였다. 그래서 주사기를 돌려쓰다 C형 간염 바이러스에 감염되는 경우가 눈에 띄게 감소하고 있었다. 내장이 너덜너덜해져서 '질병 백화점' 같은 상태인 이들은 언제나 알코올 의존증 환자였고, 그에 비하면 각성제 의존증 환자는 훨씬 건강했다. 그런 상황에서 내장 손상을 구실로 환자들에게 겁을 주는 것에는 한계가 있었다.

이렇게 되면 환자에게 각성제 남용이 원인인 뇌 위축을 들이대서 각성제가 얼마나 무서운지 알려줄 수밖에 없어. 나는 이렇게 생각했다. 실제로 동물 실험에서 각성제의 신경독성이 증명되었으니, 그런 신경세포의 손상이 인간에게는 '뇌의 위축'으로 관측될 터⋯. 나는 환자라는 환자는 전부 데려다 뇌 MRI 검사를 진행했다.

그렇지만 이번에도 내 계획은 틀어졌다. 대부분의 각성제 의존증 환자에게서 뇌의 위축 같은 건 보이지 않았기 때문이다. 뇌 위축이 뚜렷하게 나타난 사람은 고령의 알코올 의존증 환자뿐이었고, 각성제 의존증 환자들의 두개골에는 뇌가 한가득 차 있었다.

나는 점점 궁지에 몰렸다. 아무리 사실이라도 각성제 의존증 환자에게 '현재는 내장도 나쁘지 않고, 뇌도 위축되지 않았다.'라든지 '뇌와 내장에 미치는 피해는 각성제보다 알코올이 심하다.'라고 설명해서는 그들에게 겁을 줄 수 없었다.

마침내 나는 반칙을 하기로 결심했다. 뇌 위축이 나타난 알츠하이머형 인지저하증* 환자의 뇌 검사 사진을 보여주며 "오랫동

• '치매'를 가리키는 말이다. '치매(癡呆)'는 '어리석을 치(癡)'와 '어리석을 매(呆)'를 합친 단어로 오랫동안 명칭을 바꿔야 한다는 의견이 있었다. 한국에서는 그간 법률 개정을 통해 '인지장애증' '인지저하증' 등으로 변경하려고 했지만 매번 보류되었고 여전히 치매를 쓰고 있다. 이 책에서는 '치매' 대신 '인지저하증'을 사용한다.

안 각성제를 사용한 사람의 뇌입니다."라고 설명하는 것이었다. 즉, 일종의 사기였다.

그렇지만 그 역시 효과가 없었다. 각성제의 피해를 '부풀려' 말하는 설교 따위로 각성제를 끊을 사람은 한 사람도 없었던 것이다. 끊기는커녕 반대로 "이미 뇌가 망가졌으면, 이제 죽을 때까지 하는 수밖에 없겠네요." "약을 하면 천천히 죽어간다니, 바라던 바예요."라면서 약을 하겠다고 마음을 다잡았다.

그뿐이 아니었다. 잔소리가 지긋지긋해진 환자들이 통원을 중단하면서 차례차례 외래에서 모습을 감췄다. 좀처럼 약물을 끊지 못하는 사람, 즉, 전문적 치료가 필요한 의존증 환자가 병원에서 멀어져버린 것이다.

그럼에도 불구하고 나는 약물의 피해에 관한 잔소리를 끝없이 계속했다. 쓸모없는 짓이라는 걸 알았지만, 그 외에 다른 방법은 떠오르지 않았다.

어느 날, 기어이 나는 무서운 인상의 중년 남성 환자에게 쓰디쓴 세례를 받게 되었다. 그 환자는 각성제 때문에 체포된 적도 있고 교도소에 복역한 적도 있었는데, 그 때문에 많은 것을 잃었음에도 각성제를 끊지 못하는 사람이었다.

진료실에서 멍한 표정으로 팔짱을 끼고 있던 그의 위압감이 지금도 기억난다. 그날, 나는 약간 기가 눌린 채 여느 때처럼 각성제가 건강에 미치는 악영향을 차례차례 이야기했다. 그런데 내가 이야기를 시작하고 1분도 채 지나지 않아서 그가 내 말을 막더니 무섭게 목소리를 높였다.

"거, 시끄럽네. 몸에 나쁘다는 말은 듣기 싫어! 나는 내 몸을 써서 15년 넘게 '임상 실험'을 했다고. 약을 너무 해서 죽은 친구도 봤어. 그런데 당신이 뽕에 대해 아는 건 기껏해야 책에서 읽은 지식 아냐? 아무리 당신이 전문가라도 뽕에 관한 지식은 나한테 못 당해."

뒤이어 그는 턱을 치켜들며 물었다.

"나보다 지식도 없는 의사한테 내가 왜 오는지 알아? 굳이 대기실에서 한참을 기다리고, 돈까지 내면서 병원에 오는 이유를 알아?"

"왜, 왜인가요?"

내가 되묻자 그는 갑자기 목소리와 표정을 부드럽게 바꾸며 답했다.

"그건 말이야… 약을 끊는 법을 가르쳐줬으면 해서야."

그의 지적은 그야말로 정곡을 찔렀다. 설교와 질책은 그의 주위에 있는 약물 문외한들이 무상으로 해주는 것이다. 그와 같은 행위를 어쨌든 국가 자격을 지녔다는 전문가가 유상으로 제공해서는 안 되는 것이었다. 애초에 이 환자는 강제 입원을 한 게 아니라 자신의 의지로 전문병원의 외래 진료를 찾아온 사람이었다. 나는 그 행동의 의미를 하나도 이해하지 못하고 있었다. 나의 완전한 패배, 자폭이라고 해도 무방했다.

당연하지만 나는 그 환자에게 '약을 끊는 법' 따위는 가르쳐주지 못했다. 그저 잠자코 입술을 깨무는 것밖에 할 수 없었다.

돌이켜보면, 그 일이 내 의존증 임상의 출발선이었다.

의존증 전문병원에 부임하고 반년 동안, 나는 정신과 전문의로서 내 존재 가치를 의심하며 무기력 상태에 빠져 있었다. 전에 근무했던 급성기 병동은 고된 곳이었지만, 내가 한 의료 행위의 결과를 바로 알 수 있었다. 이를테면 환각과 망상에 지배되어 지리멸렬한 주문을 되뇌던 사람에게 항정신병 약물을 투여하니 날이 갈수록 예의 바른 신사의 모습으로 돌아갔다. 메두사라도 보았는지 험악한 표정인 채로 돌처럼 굳은 혼미 상태의 여성 환자도 있었는데, 전기경련 요법을 하자 돌연히 마법이 풀린 듯 온화한 가정주부의 표정을 되찾았다. 이런 임상 경험은 정신과 의사로서 자기효능감을 높이는 데 도움이 되었다.

그러나 새롭게 부임한 곳에서 나는 너무나 무력했다. 약물을 그만두게 하기 위해 할 수 있는 것이 하나도 없었다. 무엇보다 의존증에는 환각·망상에 대응하는 항정신병 약물 같은 치료제—가령 '각성제를 싫어하게 되는' 약—가 존재하지 않는다. 의존증은 약물 유발성 정신질환과 달리 환자를 억지로 입원시켜서 몸을 병원에 잡아두어도 마음이 함께하지 않으면 어떤 치료를 해도 소용없다. 의존증 전문병원에 처음 부임했을 때 나는 그런 사실조차 몰랐다.

'일정 기간 약물과 물리적으로 분리하여 약물에서 이탈하길 꾀하면 약에 대한 집착이 약해져서 끊을 수 있지 않을까.' 이런 선의에서 약물을 끊을 생각이 충분히 확고한 환자를 필사적으로 설득한 끝에 입원시킨 적도 있었다. 하지만 내키지 않는 입원을 한 환자는 치료에 소극적이었을 뿐 아니라 답답한 병동 생활을 지겨워해서 다른 환자와 문제를 빚었고 스태프에게 폭언을 하기도 했다. 심지어 병원 내에서 술을 마시고 약물을 사용하기까지 했다. 당연한 말이지만 환자의 신체를 지배할 수 있어도 마음은 결코 지배할 수 없고 바꿀 수도 없다.

환자가 너무 간단히 변절하고 번복하는 것에도 적잖이 당황했다. 가령 각성제 관련 법 위반으로 체포되었지만 간신히 기소유예 처분을 받고 병원에 온 환자가 있다고 해보자. 그는 "이제 뽕은 지긋지긋해요. 어떻게든 약물 의존증을 극복하지 않으면 가족도 일도 전부 잃어버릴 거예요. 목숨 걸고 열심히 치료를 받을 테니까 입원시켜주세요."라면서 무릎이라도 꿇을 기세로 입원을 희망한다. 하지만 그렇게 강하게 치료를 바랐음에도 입원 후 일주일이 지나자 갑자기 퇴원을 이야기한다.

"어제 밤새 생각하다가 깨달은 게 있어요. 지금 저에게 필요한 건 이렇게 병원에서 느긋이 지내는 게 아니었어요. 지금은 저 때문에 고생한 아내와 자식에게 조금이라도 보답하는 게 중요해요. 한 푼이라도 많이 돈을 벌어서 그 녀석들 옆에 있어줘야 해요. 선생님, 오늘이라도 퇴원해서 일을 찾겠습니다."

그렇게 퇴원을 하지만 너무 간단히 각성제를 다시 사용하고, 질려버린 가족은 환자를 버리고 어딘가로 도망쳐버린다. 이처럼 실로 어처구니없는 에피소드가 연이어 벌어졌다.

의존증 전문병원에 부임하고 반년 정도 지났을 무렵, 생각지 못한 돌파구가 열렸다.

내가 담당하는 환자가 어느 일요일에 열리는 약물 의존증 환자들의 자조 모임인 '익명의 약물 의존자들Narcotics Anonymous, 이후 NA' 공개 미팅에 참가하지 않겠느냐고 권유한 것이다.

그 환자는 조용한 인상의 40대 남성이었다. 그는 낮에 출판 관련 일을 하고 정기적으로 NA에 참가하면서 5년 동안 약에 손대지 않았다. 더 이상 병원에 올 필요는 없다고 제안해봤지만,

초심을 잃지 않기 위해서 약을 끊기 시작한 의존증 전문병원에 매달 한 번씩 통원—본인은 '병원 참배'라고 불렀다—을 하고 싶다고 하여 그러도록 했다.

그 환자가 진료실에서 내게 이렇게 말했다.

"선생님께 부탁이 있습니다. 제 동료들을 더 알아주셨으면 합니다. 부디 한번 모임에 나와보지 않으시겠어요? 이번 일요일에 일반인도 참가할 수 있는 '오픈 스피커즈 미팅'이 있습니다."

솔직히 말하면, 그 행사에 참가하는 건 내키지 않았다. 이미 다른 환자들이 NA에 관한 소문을 단편적으로 들려주었는데, 나는 NA가 신흥종교나 비밀결사처럼 수상하게 느껴져서 경계하고 있었다. 하지만 환자가 권유하니 좀처럼 거절할 수 없었다. 반쯤 장난삼아 한 번만 가볼까. 그런 가벼운 마음으로 나는 무거운 엉덩이를 움직였다.

당일, 나는 모임이 열리는 주민회관에 들어가자마자 놀랐다. 약 3개월 전에 병원 내에서 약물을 사용하는 용납할 수 없는 규칙 위반을 저질러 내가 강제 퇴원에 '병원 출입 금지' 처분까지 내린 환자가 있었기 때문이다. 지금 생각해보면 '출입 금지'는 명백하게 지나친 조치였지만, 당시에는 경찰에 알리는 것보다 낫다고 스스로 납득하고 있었다. 그래도 나를 원망할 게 틀림없었다. 자칫하면 얻어맞을지도 모른다고 바싹 긴장했다.

그렇지만 예상과 달리 그는 얼굴 가득 미소를 머금고 나를 맞이하며 포옹하려 했다.

"선생님께 강제 퇴원을 당하고 정신이 번쩍 들었어요. 그 덕분에 회복의 단서를 찾았어요. 병원이 안 되면 남은 건 자조 모임밖에 없다고 생각해서 요즘은 일주일에 두세 번씩 이 지역의 NA에 참가하고 있어요. 약에 손대지 않은 지 석 달이 되었고요."

나는 약간 겁먹은 채 아주 살짝 그와 가슴을 맞대며 형식뿐인 포옹을 했다. 아마 그때 내 표정은 기적적으로 목숨을 건진 인질 같았을 것이다.

모임에서는 제각기 다른 약물 의존증 환자들이 순서대로 등장해서 자기소개를 했다. 앞에 나선 사람이 "저는 약물 의존증 환자인 조니라고 합니다."라며 자신의 별칭을 소개하면, 청중은 일제히 "조니!"라고 그 사람을 불러주었다. 그들이 들려준 이야기는 어떤 소설보다도 인간적이고, 자학적인 유머가 가득했다.

처음 앞에 나선 사람은 도박 때문에 각성제를 사용했다는 남성이었다.

"각성제를 쓰면 슬롯머신의 숫자가 멈춘 것 같았고, 마작을 할 때는 상대의 패가 투명하게 다 보였어요. 제가 초능력자랄지, 노름의 신이 된 줄 알았다니까요. 그런데요. 왠지 항상 졌어요. 결국 전 재산을 날리고 말았으니 그건 환각이었나 봐요."

뒤이어 한 여성이 앞에 나섰다.

"저는 전업주부인데 청소를 정말 못 해요. 정리 정돈은 젬병이거든요. 청소가 귀찮아도 어찌나 귀찮은지. 그런데 각성제는 그런 저를 바꿔줬어요. 청소가 즐거워서 하루 종일도 할 수 있더라고요. 그래서 약에 푹 빠져버렸죠. 하지만 좋은 시간은 잠깐이었어요. 언젠가부터 청소를 하려고 각성제를 쓰면 청소기 속에 도청기가 설치된 것 같았어요. 그래서 청소를 시작하기 전에 우선 도청기부터 찾으려고 청소기를 분해하게 되었어요. 결국 분해한 청소기 부품 때문에 방이 괜히 더 어질러졌고요."

참가자들이 차례차례 약물과 관련한 자학적이고 위악적인 이야기를 할 때마다 그야말로 펑, 펑, 폭소가 터졌다.

나는 얼떨떨해서 계속 선 채로 그 광경을 바라보았다. 내게 모임에 참가해보길 권한 환자가 옆으로 다가왔다.

"선생님, 이상한 모임이라고 생각하고 계시죠?"

나는 어색하게 웃으며 답을 얼버무렸다.

그러자 그는 혼잣말처럼 이야기하기 시작했다.

"그래도 이렇게 이상한 자리에 묘한 힘이 있는 것 같아요. 이상해서 사람이 회복된다고 할지… 아니, 농담은 그만두고, 진지하게 이야기할게요.

제 생각인데, 자조 모임에는 두 가지 효과가 있어요. 한 가지 효과는 과거의 자신과 만날 수 있다는 거예요. 의존증이라는 병은 '잊어버리는 병'이라고 불리기도 하잖아요. 우리 약물 의존자들은 수없이 약을 끊겠다고 맹세하고 실제로 수없이 끊어요. 뭐, 끊었다고 해도 며칠이나 몇 시간 그랬다는 말이지만요.

아무튼 약물 때문에 체포되거나, 약물 때문에 이상해져서 다른 사람들 앞에서 심각한 추태를 보이면 진심으로 반성하고 한동안은 약을 끊어요. 그런데 그게 오래가지를 않아요. 약물을 그만두는 건 쉬워요. 계속 그만두는 게 어렵죠.

왜 어려운가 하면, 약물 때문에 겪은 쓰디쓴 실패라는 최근의 기억이 금방 목구멍으로 넘어가 사라지기 때문이에요. 시간이 지나도 선명하게 기억하는 건 약물을 처음 시작했을 무렵의, 아주 오래전의 즐거운 기억뿐이죠.

그래서 우리 의존자들은 한동안 각성제에 손대지 않다가도 '내 힘으로 언제든 그만둘 수 있는 걸 알았으니까 조금만 더 할까.'라든지 '이번에는 실수하지 않게 잘 조절할 수 있을 거야.'라면서 마음을 바꾸고 스스로 했던 맹세를 간단히 잊어버려요.

그런데 자조 모임에 참가하다 보면 당연히 처음 모임에 나오는 사람과도 만나게 돼요. 아직 약을 완전히 끊지 못해서 혀가 잘 돌지 않고 몸 상태도 나쁘지만, 자기 나름 생각이 있어서 용기를 내고 긴장한 얼굴로 찾아온 새로운 동료죠.

자조 모임에서 가장 중요하게 여기는 것은 그처럼 처음 모임에 찾아온 새로운 동료예요. 그 동료의 모습은 중대한 결심을 하고 모임에 방문한 예전의 자기 자신과 같아요. 그 동료 덕에 지금은 목구멍 너머로 깨끗이 사라진 기억, 마지막으로 약물을 썼을 때의 쓰디쓴 기억이 되살아나고 초심을 떠올리게 되죠. 즉, 이 모임에서는 과거의 자신과 다시 만날 수 있는 거예요."

"자조 모임의 또 다른 효과는 미래의 자신과 만날 수 있다는 거예요. 의존증 환자가 좀처럼 약물에서 손을 떼지 못하는 이유는 시간이 지날수록 약물이 당사자에게 중요한 일부가 되어버리기 때문이에요. 오랫동안 약물과 함께 살다 보면 즐거운 기억에도 슬픈 기억에도 모두 약물이 포함되어 있어요. 나쁜 기억만 있는 게 아니에요. 약물 덕분에 일에서 성공을 거두기도 하고, 고난을 극복하기도 하고, 대단한 만남을 경험하기도 해요.

그 때문에 의존증 환자에게 약물이란 마치 '가장 친한 친구'나 '끈끈한 친구' 같은 존재예요. 좀 있는 척 표현하면 '케미컬 프렌드chemical friend'인 거죠. 그래서 약물 의존자에게 약물을 끊는 것은 일종의 상실 경험—오랫동안 함께 지낸 반려와 이별하는 것과도 비슷해요—이기도 해요.

그래서 약물을 그만두면 내게는 아무것도 안 남는 게 아닐까,

텅 빈 껍데기처럼 되어서 앞으로 계속 무미건조한 잿빛 같은 인생을 견뎌야 하지 않을까, 하고 불안해하는 사람도 있어요. 많은 약물 의존자들이 좀처럼 약물을 끊지 못하는 건 아마 그 불안 때문이겠죠.

그런데 자조 모임에 나오면 간신히 괴로운 날들을 견디고 1년 동안 끊은 사람, 3년을 그만두어서 마음에 여유가 생긴 사람, 나아가 10년, 20년을 끊어서 약물 없는 생활이 당연해진 사람과도 만날 수 있어요. 그 자리에는 가까운 미래의 내 모습, 먼 미래의 내 모습이 있어요. 결코 껍데기만 남지 않았고, 고생스럽지만 나다운 인생을 즐기면서 몇 년에 걸쳐 약을 끊는 데 성공한 모습이 말이죠. 그런 미래상은 의존증이 있는 우리에게 희망을 주고 회복하겠다는 의욕을 자극해줘요."

"뭐, 아무튼 '남은 인생 동안 절대로 안 해.'라고 생각하면 앞날이 너무 까마득해서 우울해지고 의욕이 사그라질 것 같아요. 그래서 우리는 약에 손대고 싶을 때 이렇게 생각해요. '오늘 하루만 참자. 약은 내일 하자.' 그다음 날이 되면 다시 똑같이 자신을 타이르고요. 그걸 계속 반복해요. 혼자서 하기는 어려운 일이지만, 동료와 함께라면 할 수 있어요. 인생에서 가장 비참한 일은 가혹한 상황에 빠지는 게 아니에요. 혼자 괴로워하는 거예요."

'그렇구나.'라고 생각했다. 자조 모임이란 자신의 과거와 미래를 만나고 동료들과 자학적인 유머를 공유하면서 오늘 하루를 약물 없이 보냈다고 서로 확인하는 자리인가. 그리고 이 모임에는 병원조차 포기하고 '출입 금지'를 할 수밖에 없었던 환자까지 받아들이고, 그의 약물 사용을 멈추게 하는 힘이 있는 건가…. 놀라웠다.

충격은 그것으로 끝이 아니었다. '마지막 한 방'이 기다리고 있었던 것이다.

그 일은 모임을 마무리하는 단계에서 일어났다. 참가자들이 서로 손을 잡고 커다란 원을 만든 다음(미처 도망치지 못한 나는 영문도 모른 채 그 원 속에 휘말렸다), 다 함께 한 문장을 소리 내어 읽었다.

"하느님, 부디 저에게 내려주십시오 / 바꿀 수 없는 것을 받아들이는 침착함을 / 바꿀 수 있는 것을 바꾸는 용기를 / 그리고 그 두 가지를 분별할 수 있는 현명함을."

그냥 간단한 말이었지만, 왠지 그 말이 내 무방비한 가슴속 깊은 곳에 그대로 박혔다. 나는 내가 바꿀 수 없는 것을 바꾸려고 하다가 혼자 제멋대로 침울해했다는 사실을 그 순간 바로 깨달았다.

아무리 감금하고 양팔을 붙잡아서 세게 흔들며 설득해도 '좋아하는 것을 싫어하게 만들기'란 불가능하다. 즉, 누구도 사람을 바꿀 수 없다, 바꿀 수 있는 사람은 자기 자신뿐인 것이다….

돌이켜보면 신출내기 시절 나는 급성기 병동에서 임상을 살짝 경험해보고 오만해졌던 것 같다. 강제 입원과 행동 제한을 하며 약물 치료로 사람을 바꿀 수 있다고, 내가 만능하다는 느낌에까지 빠졌는지도 모른다.

그렇지만 그것은 본래 의미의 '마음' 치료가 아니다. 우리 의료인이 할 수 있는 일이란 의존증 환자가 차분하게 자신의 미래를 생각할 수 있는 기회와 정보를 제공하고, 그들이 스스로를 바꾸기 위해 행동할 때 곁에서 함께하며 "그러면 돼요."라고 응원해주는 정도밖에 없다. 비유하면, 의료인이 할 수 있는 일은 바다에 빠진 의존증 환자에게 '구명부표'를—되도록 절묘한 타이밍에—던져주고 육지의 방향을 알려주는 것뿐이다. 그 구명부표를 자기 손으로 붙잡고 육지까지 헤엄치는 것은 의존증 환자 자신의 몫이다.

만약 그들이 육지를 향해 헤엄치지 않아도, 의사가 그걸 책임질 필요는 없다. 하지만 그건 무책임과는 다르다. 당사자의 건강함을 믿고 상대방의 '마음의 자유'를 보장하기에 하는 배려인 것이다.

나중에 문득 생각한 것이 있다. 그 남성 환자는 우울한 얼굴로 진료실에 앉아 있는 신출내기 의사를 격려하고 성장을 돕기 위해 나를 NA에 초대해준 것이 아닐까. 그렇다면 그 의도는 대성공을 거두었다.

자조 모임에서 겪은 일은 내가 그때껏 배웠던 어떤 정신의학과도 다른 것이었다. 냉정히 생각해보면 당연한 일이다. 왜냐하면 '의존증의 원인은 도덕심이 없거나 의지가 약해서가 아니다. 의존증은 병이다.'라고 처음 외친 사람은 의사가 아니라 자조 모임을 세운 당사자들이기 때문이다.

미국에서 금주법이 철폐되고 2년 후인 1935년, 두 사람의 알코올 의존자들이 만난 것을 계기로 '익명의 알코올 의존자들 Alcoholics Anonymous, 이후 AA'이라는 자조 모임이 탄생했다. (NA 역시 AA에서 파생된 것이다.) AA는 '알코올 의존증은 병'이라는 개념을 내세워서 그 전에 의료인들이 '고칠 수 없다'며 포기했던 의존증 환자들을 차례차례 회복으로 이끌었다. 그 뒤 미국의학회가 알코올 의존증을 의학적 질환으로 인정하기까지 20년이 걸렸고, 세계보건기구가 인정하는 데에는 그로부터 다시 20년이 필요했다.

간단히 정리하면 의존증이라는 병은 당사자가 먼저 발견했고, 의학은 한참 의심한 끝에 나중에야 겨우 그 병을 인정했다.

그 뒤 의학은 지금에 이르기까지 당사자의 경험과 지혜를 배우고 (혹은 훔치고) 있다. 의학 전체를 둘러보아도 이런 병은 의존증 외에 없다.

'그렇다면.' 나는 마음을 다잡았다. '아무튼 지금은 당사자들에게서 배우자.'

나는 약물을 다시 써버렸다는 환자에게 일단 정직히 고백해준 것을 칭찬한 다음, 내 속에 떠오른 의문을 솔직히 던져보았다. '어떤 상황에서 약이 생각나는가. 그리고 어떤 상황에서 약을 참을 수 있는가.' '약에 대한 욕구를 억제하는 데 성공했을 때와 실패했을 때는 무엇이 어떻게 달랐는가.' 이렇게 자세히 묻기로 한 것이다. 나중에 알게 된 사실인데, 의료인의 '배우려는 자세'는 환자와 '줄다리기'를 하지 않는 협동적 치료 관계를 맺는 데 도움이 된다고 한다.

약물을 그만둘 단서는 환자의 내면에 있다. 그런 의미에서 약물 의존증 환자를 위한 민간 재활시설 '다르크DARC, drug addiction rehabilitation center'*에 관여한 경험도 내게는 자산이 되었다. 모임

---

* 1985년에 일본에서 처음 만들어진 약물 의존증 회복시설이다. 개설 초기부터 의존증 당사자들이 서로를 지원하는 방침을 유지하고 있고, 그런 방법은 현재 일본의 정신의료에서 '피어 서포트(peer support)'라고 불리며 주목받고 있다. 2020년 1월 기준 일본 전국에 59개 단체, 95개 시설이 있다.

사이에 하는 잡담에서 들을 수 있는 그들의 지혜―"약에 대한 갈망이 가장 강한 건 40분 정도야. 그 40분을 어떻게 견디는지가 숙제인데, 나는 뜨거운 물로 샤워를 해." "내 경우에는 엄청 매운 음식을 먹었어." 등―는 좋게 말해도 고상하다 할 수 없었지만, 시종일관 잔소리와 질책을 하는 것보다는 훨씬 구체적인 대처법으로서 가치가 있었다.

나도 모르게 웃을 뻔한 지혜도 있었다. 한 각성제 의존증 환자가 알려준 대처법이었다. 그는 이렇게 말했다. "목이 말라도 '볼빅' 생수는 절대로 안 사. 콜라를 사지." 각성제를 주사기로 주입한 사람 중에는 시판 생수를 휴대하고 다니며 밖에서 생수에 각성제 분말을 녹여서 주사를 놓은 사람이 적지 않다. 그런 사람들은 특정 상표의 페트병을 보면 각성제 욕구가 자극된다고 한다.

전부 어떤 정신의학 교과서에도 쓰여 있지 않은 것들이었다. 의존증 임상에는 이와 같은 '살아남기 위한 지혜'가 데굴데굴 굴러다닌다.

나는 어느새 의존증 전문병원에서 초진 환자를 진료하는 날이 되면 '오늘은 어떤 환자들이 올까.' 하고 두근거리며 환자를 기다리게 되었다.

물론 초진은 언제나 긴박한 분위기에서 이뤄진다. 본질적으로 의존증이라는 병은 '고치고 싶지 않은' 병이기 때문이다. 약물 때문에 이런저런 문제를 겪는 건 사실이라 병원에 왔지만, 내심 약물을 그만두고 싶다는 생각 따위는 없는 것이다. 대부분의 환자는 주위의 공갈 협박에 못 이겨서 마지못해 병원을 방문한다. 그래서 초진 환자들은 진료실에서 눈앞의 의사를 저주하듯이 쏘아보거나 고개를 돌려 외면한다.

　그렇지만 조바심을 낼 필요는 없다. 치료가 정말 싫었다면 애당초 진료실에 오지 않았을 테니까. 난폭하게 날뛰어서 진료에 저항하거나 진료 당일 도망칠 수도 있었다. 실제로 많은 환자들에게 그런 행동은 누워서 떡 먹기일 것이다. 그럼에도 불구하고 왜 그들은 지금 진료실에 있는가. 그 이유를 생각해봐야 한다.

　답은 간단하다. 마음속 한편에 '이대로는 안 돼.' '좀더 제대로 된 인생을 살고 싶어.' 하는 마음이 존재하기 때문이다. 그 부분—아주 좁은 마음의 틈새—에 내 발을 밀어넣고 상대방이 문을 열게 하려면 어떻게 해야 할까.

　그건 더 이상 치료가 아니다. 영업, 아니, 유혹이라고 해야 할지 모르겠다.

　그걸 알기 시작할 무렵에 나는 이미 의존증 임상에 푹 빠져 있었다.

살아남기 위해 필요한 건강하지 않음

○

의존증 임상은 자극으로 가득하지만 지원자들은 긴 시간 동안 끊임없는 무력감과도 마주해야 한다. 알코올과 약물에서 손 뗄 생각이 없는 환자, 치료 프로그램과 자조 모임에 참가하기를 주저하는 환자. 그들을 더는 기다리기 힘든 마음을 억누르면서 끈기 있게 환자의 변화를 기다리는 것이 필요하다. 초조해서 억지로 치료를 진행시키면 외려 환자와 관계가 끊어질 위험성도 있다. 가장 중요한 것은, 당사자가 마음먹었을 때 내 목소리가 닿도록 환자와 연결된 채 적절한 거리를 유지하는 것이다.

그렇게 계속 기다리는데 갑자기 찬스가 찾아와서 환자가 극적으로 변화하는 경우도 있긴 있다. 결코 드문 일은 아니다. 하지만 반드시 그런 변화가 일어난다고는 할 수 없다. 뒷짐 지고 있는 사이에 찬스를 놓치거나 마지막까지 찬스가 찾아오지 않아 비극적인 결말로 끝나버리는 경우도 전혀 없지는 않다.

그런 무력감을 견뎌야 할 때, 사람은 묘한 습관을 필요로 하기도 한다. 일찍이 유럽과 미국의 병사들에게 담배와 마약이 꼭 있어야 하는 일용품이었다는 건 널리 알려져 있다. 오늘날 일본의 교도소 수형자들이 유독 진통제와 수면제를 많이 찾는 것도 자기 뜻대로 할 수 없는 일상에 적응하기 위한 방편일 듯싶다.

핑계를 잔뜩 적으며 글을 시작했는데, 나는 의존증 임상에 종사하면서 어째서인지 묘한 것에 빠져버렸다. 바로「세가 랠리 챔피언십」이라는, 세계 랠리 선수권 대회를 본떠 만들어진 레이싱 게임이다.

언제부터 그랬는지 정확하지 않지만, 나는 의존증 전문병원에서 진료를 마치면 매일같이 번화가 한구석의 초라한 게임센터에 찾아갔다. 게임센터에 들어가면 항상 레이싱 게임기를 향해 일직선으로 걸어갔고, 자동차와 똑같이 생긴 게임기의 의자에 몸을 깊숙이 파묻고 앉아서 동전을 집어넣었다. 그러면 그 순간 나는 다른 세계로 날아가 유하 칸쿠넨이나 콜린 맥레이*가 되

• 유하 칸쿠넨과 콜린 맥레이 모두 세계 랠리 선수권 대회에서 우승했던 뛰어난 선수다.

어 컴퓨터 그래픽으로 현실감 넘치게 재현된 사막과 설원을 가상의 경주용 자동차로 질주했다. 땀투성이가 되어 스티어링휠을 좌우로 격렬하게 돌리고, 수동 변속기를 눈이 핑핑 돌 만큼 현란하게 조작하며, 차례차례 나타나는 예측하기 어려운 코너에 도전했다. 자동차를 옆으로 틀어서 드리프트* 상태로 만들고는 최단 시간 브레이크를 걸고 최장 시간 액셀을 전력으로 밟아 가장 빠르게 코너를 탈출할 수 있는 타이밍을 가늠했다.

매일같이 했으니 당연한 셈이지만, 게임 실력이 꽤 늘었다. 그뿐이 아니었다. 세세한 부분까지 레이싱 코스를 전부 머릿속에 입력해서 코너의 어느 지점에서 브레이크를 밟아야 하는지, 적절한 기어는 몇 단인지 등을 몸이 기억했다.

머지않아 나는 그 게임센터에서 최단 기록 순위의 단골이 되었고, 내가 게임을 즐기고 있으면 학교를 마친 중고등학생들이 주위에 모여들어 작은 군중을 이뤘다. 내가 스티어링휠을 움직이면 뒤에서 "지거 봐. 저 사람 대단해."라며 수군대는 목소리가 들릴 정도였다.

그 시절, 그 시시한 게임에 대체 얼마나 무의미한 시간과 동전을 소비했던가. 지금 당시의 나와 만날 수 있다면 "너, 무슨 쓸

---

* 자동차 바퀴를 일부러 헛돌게 해서 옆으로 미끄러지듯이 주행하는 기술.

데없는 짓을 하는 거야."라고 구구절절 잔소리를 하고 싶다.

호들갑이 아니라 당시 나는 약간 의존증 상태였다. 이를테면 친구들과 술자리를 가져도 "오늘 중에 끝내야 하는 일이 있어서."라는 등 거짓 핑계를 대고 먼저 자리에서 일어나 혼자 게임 센터에 갔다. 그런 일이 한두 번이 아니었다. 일하는 중에도 게임을 떠올리며 근무 시간이 빨리 끝나기만 기다렸다.

그렇지만 게임 때문에 나쁘기만 하지는 않았다. 의외로 근무 시간 중 게임에 대한 공상을 하는 것이 마음의 평정을 유지하는 데 도움이 되기도 했다.

가령 어느 날 환자끼리 싸움이 붙었다고 병동에서 긴급 호출을 받았다고 하자. 나는 내심 '치, 또 사고인가.'라며 혀를 차고 한숨을 쉬며 종종걸음으로 복도를 걸어간다. 그 순간 뇌리에 레이싱 게임의 화면이 떠오르고, 나는 가상의 비포장 경주로를 전력으로 주행하는 착각의 세계에 빠져든다. 나는 복도의 모퉁이를 돌 때마다 기어를 3단에서 2단으로 재빠르게 바꾸면서 코너가 끝나는 지점을 응시하는 나 자신을 상상한다.

어리석은 공상이긴 하다. 하지만 신기하게도 그런 공상에 잠겨 있다 보면 마음에 치던 파도가 가라앉고, 병동에 도착할 무렵에는 냉정을 되찾을 수 있었다.

의존증 임상에서 그런 나날을 보내던 어느 날, 나는 잊을 수 없는 환자를 만났다.

20대 여성으로 약물 의존증 환자였다. 그는 한 남성과 동거를 한 적이 있는데, 심하게 구속하는 데다 폭력까지 휘두르는 사람이었다. 남성은 환자에게 억지로 각성제 주사를 놓고 성행위를 강요했다. 그런 생활을 하던 환자는 어느 날 남성의 빈틈을 노려 도망치는 데 성공했다. 그는 약을 완전히 끊고 전혀 다른 도시에서 조용히 혼자 살기 시작했다.

그런데 그때부터 사태가 급변했다. 기껏 혼자서 안전한 생활을 시작했는데, 매일 밤마다 각성제를 원하는 강렬한 갈망이 주체할 수 없이 솟구친 것이다. 남자가 억지로 주사를 놓았고 진저리 날 만큼 싫었는데, 왠지 각성제를 너무나 하고 싶었고 머릿속이 그 생각으로 가득 찼다. 한참을 망설인 끝에 그는 스스로 밀매자에게 연락했고, 그토록 증오했던 각성제를 이번에는 자기 손으로 사용해버렸다.

수없이 끊겠다고 맹세했지만, 그럼에도 각성제를 참을 수 없었다. 환자에게 그 갈망은 강렬하고 압도적인 것이었다. 어떻게든 각성제를 하지 않으려고 최대한 참아보았다. 갈망을 억누르기 위해 손목을 긋기도 했다. 각성제를 참으면 극심한 공복감이 밀려와서 과자를 한꺼번에 입 안 가득 쑤셔넣었다. 그러나 조금 뒤에는 체중이 늘어날까 불안감이 치밀어 서둘러 목구멍에 손가락을 넣고 토해냈다. 그런 일 역시 그를 자기혐오에 빠뜨려서 '이럴 바에는 차라리 각성제를 하는 게 낫지 않나.' 하고 스스로에게 변명했고, 결국에는 다시 각성제에 손대고 말았다.

그 환자는 바로 그런 상황의 한복판에서 내가 근무하는 의존증 전문병원에 방문했다. 그는 현재 상황에서 벗어나려면 자신을 물리적으로 각성제와 분리된 환경에 가둘 수밖에 없다고 생각하여 "입원시켜주세요."라고 간청했다. 물론 내가 보기에도 그의 생각은 타당했다. 나는 환자의 전향적인 자세를 지지하고, 그가 바라는 대로 입원하게 해주었다.

그렇지만 입원하고 얼마 지나지 않아 복잡한 사태가 발생했다. 첫 며칠 동안 문제없이 조용하게 밤을 보낸 그가 입원 기간이 일주일을 넘어선 밤에 갑자기 남자의 그림자가 병실에 있다고 울부짖으며 공황 상태에 빠져버린 것이다.

우연히 그날 밤 당직이었던 나는 야간 근무 중이던 간호사에게 호출을 받고 급히 달려갔다. 그는 어깨를 덜덜 떨면서 무언가로부터 도망치듯이 침대 구석에서 몸을 작게 웅크리고 있었다. 그는 "무서워." "그냥 죽고 싶어….'라고만 되풀이했다.

병실의 조명을 밝히자 환자는 조금 진정했다. 나는 어두운 방에서 의식 수준°이 저하되며 환시幻視가 나타났는지도 모른다고 생각했다. 하지만 그 병실은 다인실이라서 함께 지내는 환자들 때문에 밤새 조명을 켜둘 수는 없었다. 그래서 나는 그를 1인실로 옮기라고 간호사에게 지시했다.

좋은 방책인 줄 알았지만, 결과적으로는 완전히 역효과를 냈다. 1인실로 옮기고 조명을 환히 밝힌 채 그가 침대에 눕는 걸 확인하고 문을 닫았다. 하지만 머지않아 커다란 비명이 울렸다. 서둘러 병실에 들어가 보니 환자는 침대 구석에 무릎을 감싸고 쪼그려 앉아 떨고 있었다. 방금 전과 똑같았다. 또다시 환시가 나타났고, 그 압도적인 공포에 겁먹은 듯했다. 그는 어두운 장소뿐 아니라 방에 혼자 있는 상황도 견디지 못하는 상태였던 것이다.

결국 그 환자는 그날 밤부터 간호사실의 한편에 침대를 두고 번쩍이는 불빛 아래에 분주하게 움직이는 간호사들 사이에서 밤을 보냈다. 불가사의하게도 그런 환경에서는 환시가 나타나지 않았고 숙면을 취할 수 있었다. 그는 그 뒤로 약 1개월 동안 순조롭게 의존증 치료 프로그램을 소화했다.

"선생님, 저 힘낼게요."

마지막에 그는 이런 말과 함께 웃으며 퇴원했다.

• 뇌가 주변 상황을 인지하는 상태를 단계적으로 구분한 것. 반사, 자율신경 기능, 촉각과 시각 등의 반응 등을 관찰하고 뇌파 검사를 참고하여 판단한다.

그렇지만 현실은 녹록지 않았다. 그는 혼자 사는 집으로 퇴원한 그날 밤에 바로 각성제를 다시 사용한 모양이었다. 그리고 아마도 그 탓에 나를 볼 면목이 없었는지 퇴원 후 첫 외래 진료를 오지 않았다. 그 대신 병원에 전화를 걸었다.

"선생님, 입원까지 해서 노력했는데 퇴원하자마자 약에 손댔어요. 병원으로는 안 되나 봐요. 경찰에 자수할게요."

그는 일방적으로 말하고는 전화를 뚝 끊어버렸다. 다시 그의 집에 전화를 걸었지만 더 이상 할 얘기가 없는지, 아니면 벌써 집에서 나갔는지, 전화를 받지 않았다.

그로부터 사흘 뒤, 경찰서에서 전화가 왔다. 그가 구치소에서 교도관이 한눈판 사이에 목을 매달아 자살했다는 소식이었다.

당시 나는 그 환자의 경과를 이해할 수 없었다. 왜 그는 입원하고 일주일이 지나자 갑자기 흥분·착란 상태를 보였을까. 희망을 품고 웃으면서 퇴원했는데, 왜 퇴원하자마자 다시 각성제에 손을 댔을까. 왜 결국 구치소에서 자살해버렸을까. 퇴원하면서 보여준 긍정적인 태도는 그저 겉보기에 불과했고 내가 깜박 속은 걸까 의심하기도 했다.

갑작스럽게 일어난 환시와 공황 상태에 대해서 나는 처음에 각성제의 영향을 고려했다. 그러나 처음 흥분 상태에 빠진 밤은 마지막으로 각성제를 사용하고 일주일이 지난 시점이었다. 입원할 때만 해도 각성제에 의한 정신질환이 없었는데, 그 타이밍에 갑자기 도지는 것은 우연이라고 해도 이상했다.

그가 모종의 방법으로 병동에 각성제를 몰래 들여서 사용했을 가능성을 생각해보았다. 하지만 그는 입원 중 한 번도 외출하지 않았고, 면회를 온 사람도 없었다. 입원할 때는 병동의 간호사가 엄밀하게 소지품을 검사한다. 몰래 약을 쓰는 것은 아무리 생각해도 불가능했다.

그다음에는 각성제 후유증으로 플래시백flashback이 일어났을 가능성을 고려했다. 약물 사용 후유증 중 하나인 플래시백이란 약물을 사용하지 않음에도 불구하고 수면 부족이나 약한 스트레스 등을 계기로 약물을 썼을 때처럼 환각·망상이 나타나는 현상을 가리킨다. 중고등학생에게 이뤄지는 약물 남용 방지 교육에서 "한 번이라도 약물에 손대면 평생 동안 플래시백에 시달립니다."라는 식으로 반드시 언급되는 부작용이다.

그렇지만 사실 플래시백이 대중에 알려진 만큼 빈발하지는 않는다. 각성제 후유증이 매우 심각하고 각성제를 쓰지 않을 때도 만성적으로 환각·망상이 지속되는 환자라면 몰라도, "지금까지 환각·망상은 각성제를 썼을 때만 나타났다." 하는 사람이 갑자기 플래시백을 겪는 일은 극히 드물다. 만약 플래시백이 나타났다면, 술에 만취했을 때나 카페인과 염산메칠에페드린 등 중추신경 흥분제 성분이 함유된 시판 감기약을 대량 섭취했을 때 정도일 것이다. 그리고 당연하지만 그 환자가 입원 중에 술을 마시거나 시판약을 남용한 흔적은 전혀 없었다.

이런 지식 역시 좀더 나중에 내가 의존증 임상에서 경험을 쌓고 알게 된 것들이다. 부끄럽지만 당시에는 그 환자의 증상을 약물 후유증 때문에 일어난 플래시백이라 결론짓고 억지로 나 자신을 이해시켰다.

그 후에 비슷한 증상을 보이는 몇몇 여성 환자들과 만나며 나는 당시 내 생각이 틀렸다는 것을 깨달았다.

내 잘못을 깨달을 수 있었던 것은 내 진료 스타일이 변화한 덕분이었다. 그가 자살한 뒤, 나는 환자의 트라우마와 관련한 경험에 적극적으로 귀를 기울였다. 그때까지는 환자에게 현재 발생하고 있는 증상과 문제를 중심으로 정보를 수집했다. 아마도 예전의 나는 섣불리 과거의 트라우마를 건드렸다가 더욱 까다로운 사태가 벌어지는 게 무서워서 겁을 먹었던 것 같다.

하지만 환자들에게 대체 무슨 일이 벌어지고 있는지 정확히 파악하려면 환자들의 삶 전체를 알아야 했다.

새로운 진료 스타일로 정보를 수집하면서 알게 된 사실이 있다. 자살했던 그 환자와 비슷한 증상을 보이는 환자들은 하나같이 성장 배경이 비참했다는 것이다. 이를테면 부친이 반쯤 죽일 기세로 폭력을 휘두르거나 눈앞에서 목을 매단 모친을 목격하거나 친척 아저씨에게 강간을 당하는 등의 경험이 있었다. 아니면 양친의 폭력과 방임을 견디다 못해 가출했지만 아무도 모르는 지역에서 윤간 피해자가 되거나 병적으로 질투심이 강한 남자들에게 매일같이 얻어맞거나…. 이처럼 글로 쓰기만 해도 마음이 무거워지는 경험이 가득했다.

그리고 그런 일들은 전부 밤에 일어났다. 그래서 그 여성들에게 밤은 '마의 시간'이었던 것이다. 보통 트라우마와 관련한 기억은 마음의 외딴 방에 동결 보존되어 있다. 자신의 생애사에서 분리하고 격리해 '없었던 일'로 만드는 것이다. 하지만 입원 등을 하여 안전한 환경에 놓이면 안도감 때문인지 긴장이 풀려서 외딴 방의 문이 열리고 기억이 해동되기 시작한다.

그 결과 종종 나타나는 것이 밤중에 조명이 꺼진 어두운 방에서 갑작스레 고통스러운 기억이 되살아나는 현상이다. 그 순간 과거의 무서운 기억은 마치 지금 일어나는 일처럼 생생하게 환자들을 엄습한다. 그와 더불어 과거에 피해를 입으며 느꼈던 자살 충동―아니, 그보다는 자기 자신에 대한 살의라고 하는 게 맞을 것이다―이 마치 현재 자신의 감정인 듯이 느껴진다. 그건 약물 부작용으로 일어나는 플래시백 따위가 아니었다. 아무리 생각해도 외상 후 스트레스 장애PTSD의 증상, 즉 트라우마 기억의 플래시백이었다.

그런 환자들과 몇 차례 조우하면서 내 나름 떠올린 가설이 있다. 그 여성 환자가 입원 전에 밤마다 약물을 강렬히 갈망했던 것은 트라우마 기억의 플래시백 때문에 겪는 심적 고통을 달랠 방법이 적어도 그때는 약물밖에 없었기 때문이 아닐까, 하는 것이다. 그 가설에 기초해서 그와 나누었던 대화를 돌이켜보면 확실히 짐작 가는 대목이 있었다.

"약을 쓰면 시간의 흐름이 빨라져요. 그래서 밤마다 약 생각이 나요. 약을 하면 어느새 창밖이 밝아져서 '아아, 아침이다. 이제 괜찮아.'라고 생각해요. 그제야 겨우 깊이 잘 수 있어요."

그는 진료실에서 자주 그런 이야기를 했다. 고통으로 가득한 시간은 느리게 지나가지만, 각성제를 쓰면 신기하게도 시간이 빨리 흘러가서 고통을 느끼지 않을 수 있다. 그래서 그는 밤마다 각성제를 몹시 원했던 것이다.

물론 그는 자기가 매일 밤 경험한 고통이 트라우마 기억의 플래시백이라는 사실을 자각하지 못했다. 흔히 의존증을 가리켜 '부인하는 병'이라고 하는데, 실은 외상 후 스트레스 장애 역시 당사자가 인정하지 않는다는 특징이 있다. 트라우마로 고통을 겪는 환자 중 많은 이들이 '나쁜 사람은 나야. 그래서 벌로 밤마다 이렇게 괴로운 경험을 하는 거야.'라고 믿고 있다. 그런 상황에서 내가 병에 걸렸다고 인정하면 안 그래도 밑바닥까지 떨어진 자존심에 더욱 상처가 날 수밖에 없다. 그래서 인정하지 않는 것이다.

돌이켜볼수록 여러 가지를 깨달을 수 있었다. 이를테면 처음 그를 진료실에서 만났을 때, 지난 삶에 대한 이야기를 청취하는 과정이 매우 어려웠다. 어린 시절의 일을 물어봐도 그는 "몰라요." "기억 안 나요."라고 할 뿐이었다. 지금 생각해보면 그런 답이야말로 트라우마와 관련한 증상이었다. 아마 과거에 대한 그의 기억은 트라우마 때문에 조각조각 나뉘어 흡사 군데군데 비어 있는 퍼즐처럼 '좀먹힌 상태'였을 것이다.

안타깝게도 당시 나는 그가 치료에 대해 무언가 심리적 저항감을 품고 있어서 그러는 것이라고 오해했다. 하지만 진실은 그렇지 않았다. 그가 모른다고 답했던 부분을 '분명히 현실에서 일어난 일'로 과거의 빈자리에 채워넣는 순간, 그는 '당장 죽고 싶어.'라고 생각하지 않았을까. 그토록 괴로운 기억이기 때문에 마음속 외딴 방에 동결 보존을 해둔 것이다. 아마 그는 정말로 기억나지 않아서 모른다고 했을 것이다.

물론 미처 동결 처리를 하지 못한 기억의 잔재 같은 것은 있었다. 다만 그 잔재는 영화처럼 연속적인 시간 속에서 진행되는 이야기로 기억에 남지는 않았을 것이다. 그 역시 트라우마가 있는 사람들에게서 자주 보이는 현상이다. 트라우마가 있던 또 다른 약물 의존증 환자가 그 현상에 대해 다음처럼 훌륭히 비유하며 가르쳐준 적이 있다.

"아무런 코멘트도 설명도 없는 뿌연 인스타그램 사진이 시간 순서랑 상관없이 수십 장이나 어질러져 있는데, 그 사진을 언제 어디서 찍었는지 짐작도 할 수 없는 그런 느낌이에요."

이 설명에 기초해 생각해보면 그 환자가 병실에서 봤던 '남자의 그림자'라는 환시는 가해 행위를 한 사람과 관련한 선명하지 않은 시각의 기억이었는지도 모른다.

그가 약물 사용을 멈출 수 없다는 이유로 경찰에 자수한 것은 너무나 성급한 행동이었다. 고독하고 어두운 구치소에서 틀림없이 트라우마 기억의 플래시백이 전례 없을 만큼 강하게 닥쳐왔을 것이다. 폐쇄된 공간에서 압도적인 공포로부터 도망칠 곳을 찾지 못했을 것이다. 그와 동시에 격렬한 자기혐오 및 자살 충동이 그의 등을 세게 떠밀어 스스로 목숨을 끊은 것은 아닐까.

그의 죽음은 내게 보이지 않는 각도에서 날아든 묵직한 펀치처럼 충격을 주었다. 심지어 긴 시간에 걸쳐 그 환자와 비슷한 상태인 다른 환자와 만나 임상 경험을 쌓고 그 환자가 체험했을 고통을 이해할수록 그 충격이 남긴 상처는 더욱 넓어지고 더욱 깊어졌다.

그렇지만 나는 그 환자 덕분에 의존증에 관해 그때까지와 다른 두 가지 관점을 얻을 수 있었다. 한 가지는 트라우마가 심각한 영향을 미친다는 것이다. 또 다른 한 가지는 약물 의존증의 본질은 '쾌감'이 아니라 '고통'이라는 인식이다. 이렇게 바꿔 말할 수도 있다. 약물 의존증 환자는 약물이 일으키는, 말 그대로 눈앞이 핑핑 도는 '쾌감'을 잊지 못해서 약물에 계속 손대는 것(=정적 강화positive reinforcement)이 아니다. 그 약물이 나를 억눌러왔던 '고통'을 일시적으로 없애주기 때문에 약물에서 손을 떼지 못하는 것(=부적 강화negative reinforcement)이다.

그 여성과 비슷한 상태였던 환자들은 운 좋게 약물을 끊어도 다음에는 과식과 구토로, 또 다음에는 자해 행위로, 마치 '두더지 잡기'처럼 의존증의 대상이 변화했다. 그 역시 환자들 나름의 고통에 대한 대처법이었다.

어떤 여성 환자는 자해를 하는 이유를 다음처럼 설명했다.

"마음의 고통을 신체의 고통으로 바꾸는 거예요. 마음의 고통은 도무지 이해할 수 없어서 무서워요. 그런데 이렇게 팔에 상처를 내면 '아픈 건 여기야.'라고 나 자신을 타이를 수 있어요. 저기, 벌레한테 물려서 너무 가려울 때 있잖아요. 아무리 긁어도 참을 수 없이 가려울 때요. 그럴 때 물린 자리의 피부를 꼬집기도 하죠? 그거랑 비슷해요."

아마도 자해 행위는 '아픔으로 아픔을 억제하는' 행위일 것이다. 트라우마라는 스스로 설명도 제어도 할 수 없는 고통에서 정말 한순간이나마 벗어나기 위해 자해 행위라는 스스로 설명도 제어도 할 수 있는 고통을 이용하는 것이다. 그것은 적어도 일시적으로는 자살을 피하는 데 도움이 된다. 과식과 구토로 인한 신체적 고통도 마찬가지다. 그래서 과식·구토 및 자해 행위는 상습적이고 습관적이다. 왜냐하면 '고통의 완화'가 일종의 보상으로 기능하기 때문이다.

머지않아 나는 약물 의존증 연구와 병행하여 자해 행위에 관한 연구에도 착수했다. 그 행위에야말로 의존증의 본질이 있는 것 같았기 때문이다.

어쨌든 이 세상에는 살아가기 위해 고통이나 건강하지 않은 상태를 필요로 하는 사람이 있다.

의존증 임상에서 그런 사실을 깨닫기 시작했을 때, 나는 이미 30대에 접어들어 있었다. 눈앞에 있는 환자는 대부분 교과서적이지 않은 특수형뿐이었고, 그때껏 배워왔던 고리타분한 정신의학은 사정없이 무너졌다. 그 체험은 신기하게도 통쾌했지만, 그 때껏 내가 소중하게 여겼던 것들이 날마다 퇴색하는 듯이 느껴졌던 것도 사실이다.

의대생 시절 나카이 히사오中井 久夫•의 저작에 촉발되었고, 도쿄대학출판회에서 출간한 '분열증의 정신병리分裂病の精神病理'•• 시리즈를 읽으며 키웠던 조현병의 정신의학에 관한 관심은 급속하게 시들었다. 게이오대학교가 주최하는 '정신분석 세미나'에도 전에는 매주 열심히 다녔지만 점점 발길이 멀어졌다.

나는 매일 전형적이지 않은 환자들을 수없이 만났고, 일을 마치면 번화가 한구석의 게임센터에 틀어박혀 「세가 랠리 챔피언십」에 몰두했다. 어리석은 행동이었지만, 그래도 역경을 견딜 수 있도록 도와주었기에 가치가 있었다고 생각한다. 마치 혼자서 장난감으로 노는 어린아이처럼 현실과 꿈의 경계가 반쯤 사라진 공상 속에서 전능감에 도취되어 머릿속을 비우고 스티어링 휠을 돌렸다. 뜻대로 되지 않는 임상에서 버티기 위해 내게는 그런 공상적인 전능감이 필요했던 것이다.

• 일본의 의학자. 정신과 의사. 전문 분야는 조현병 치료법 연구로 일본의 20세기 정신의학을 대표하는 인물 중 한 명이다.
•• 1972년 일본의 젊은 정신과 의사들이 조현병에 관한 워크숍을 갖고, 그 성과를 『분열증의 정신병리』라는 책으로 엮었다. 본래 한 차례에 그칠 기획이었지만 크게 성공하여 1987년까지 16년간 이어지는 시리즈가 되었다.

살아남기 위해 필요한 건강하지 않음. 그런 불건강不健康은 무언가 의존증이 있는 사람에게만 필요한 것이 아닐지도 모른다. 얼핏 건강하게 일상을 반복하며 살아가는 듯한 사람들 중에도 사소한 불건강과 아픔으로 균형을 맞추는 사람이 적지 않을 것이다.

이 글의 결말에 이런 문장을 타이핑하던 나는 문득 방금 전에 우연히 들른 국숫집에서 옆자리에 앉았던 샐러리맨 풍모의 중년 남성을 떠올린다. 정확하게 말하면 그가 먹던 음식을. '저건 맛이 아니라 통증밖에 안 느껴지지 않을까.'라고 걱정될 만큼 국수 위를 뒤덮은 고춧가루의 붉은색을.

○

일찍이 일본의 정신의학계에는 불가사의한 신화가 여럿 있었다. 정신과 의사 이하라 히로시가 『격려 금지 신화의 종언』*에서 언급한 '우울증 환자를 격려해서는 안 된다.'는 그런 신화의 대표적 사례다.

신화는 그뿐이 아니다. 신출내기 시절 내가 선배들에게서 배웠던 몇 가지 신화를 예로 들어보겠다.

일단 '조현병 환자에게 환청과 망상의 내용을 반복해서 물어보면 안 된다.'라는 신화가 있다. 환자가 이야기하면서 자신의

• 井原 裕, 『激励禁忌神話の終焉』 日本評論社 2009.

병적 체험을 점점 더 확신하고 강화해버리기 때문이라는 것이다. 그다음으로 '환자가 손목을 그은 상처에 관심을 보여서는 안 되고, 주치의가 직접 상처를 처치해서도 안 된다.'라는 것이 있다. 환자가 주치의의 관심을 더 끌기 위해 연극적이고 조작적인 자해를 하며 그 행위의 강도를 점점 더 올려버리기 때문이라는 설명을 들었던 적이 있다. '고뇌하는 환자에게 자살 충동에 관해 안이하게 질문해서는 안 된다.'라는 것도 있다. 질문을 하면 외려 그런 선택지의 존재를 깨달아버리기 때문이라고, 벼랑 끝에 서 있는 사람을 떠미는 행위나 마찬가지라고 했다.

예로 든 신화들 모두 지금 생각해보면 퍽 우스운 이야기들이다. '우라카와 베델의 집浦河べてるの家*'에서 이뤄지는 당사자 연구**와 오픈 다이얼로그Open Dialogue***는 얼핏 황당무계해 보이는 조현

---

* 1984년 홋카이도의 우라카와정에 설립된 정신장애 당사자들의 지역 활동 거점이다. 생활 공동체, 작업 공동체, 돌봄 공동체라는 세 가지 성격을 지니고 있으며, 100명 이상의 당사자들이 해당 지역에서 생활하고 있다. 특히 약에 기대지 않고도 눈에 띄는 치료적 성과를 내는 '당사자 연구'가 유명하여 전 세계에서 매년 수천 명의 연구자들이 방문하고 있다.

** 2000년대 초반 베델의 집을 중심으로 시작되었으며 장애 및 질병 당사자들이 연구의 주체가 되어 자신의 증상과 어려움을 고찰하는 활동이다. 조현병 당사자들 사이에서 시작되어 점차 발달장애, 의존증, 인지저하증 등으로 확산되었고, 도쿄대학교 등에서 학문적 연구가 이뤄지고 있다.

*** 1980년대에 핀란드에서 시작된 정신과 치료 시스템으로, '열린 대화'를 표방하여 당사자, 가족, 의사, 간호사, 상담사 등이 하나의 팀을 이뤄 당사자의 상태가 개선될 때까지 '그저' 대화를 거듭한다. 조현병, 우울증, 은둔형 외톨이 등에 큰 효과를 내고 있으며 의료 영역뿐 아니라 회사, 학교, 가정 등에서도 활용이 기대되고 있다.

병 당사자들의 이야기 속에 주관적 진실이 있으며, 그런 대화를 나누는 행위에 치유력이 있음을 명백히 밝혀냈다. 그리고 손목을 긋는 자해 행위를 조작적이고 연극적인 행동이라고 설명하는 것은 그야말로 시대착오적인 망언이다. 현실에서는 그와 정반대로 감정적 고통에 대처하는 고독한 스킬이라고 파악하고 있으며, 외려 환자가 '사람은 배신하지만, 손목의 상처는 결코 배신하지 않아.'라고 맹신하여 어떤 도움도 구하지 않는 것을 문제시하는 쪽으로 변화하고 있다. 그리고 자살 충동에 관해 질문하지 않고 자살 위험성을 판단하기란 애초에 불가능하며, 당연하게도 그런 질문 없이는 환자와 자살을 피하기 위한 치료 동맹을 맺을 수도 없다.

정신과 의사들을 옭아매는 신화는 여전히 남아 있다. 이를테면 '환자의 트라우마에 관해 질문해서는 안 된다.'라는 것이 있다. 신입 시절 왜 안 된다는 건지 선배에게 물어보았는데, 가르쳐준 이유는 다음과 같았다. "판도라의 상자를 열어버리면 환자가 혼란에 빠지고 치료가 수습이 안 되겠지? 애초에 우리는 그 얘기가 진실인지 아닌지 알 수 없어. 질문 때문에 외려 가짜 기억이 강화될 가능성도 있고." 그보다 놀라운 이유를 말한 사람도 있다. "여긴 유럽도 미국도 아냐. 일본에서 성적 학대 같은 건 거의 일어나지 않아."

그리하여 나는 '해적 룰렛'을 할 때처럼 조심조심 벌벌 떨면서 환자가 가슴속에 숨겨둔 병적 체험과 자살 충동, 그리고 손목의 상처를 외면했고, 트라우마를 최대한 건드리지 않도록 대화는 얕게 해야 한다고 마음에 새겼다. 전부 어엿한 정신과 의사가 되기 위해서였다.

이건 나에게만 한정된 이야기가 아니다. 당시 정신과 의사로서 받았던 수업의 대부분은 '어떻게 해야 환자의 이야기를 잘 들을 수 있을까?'보다는 '어떻게 해야 듣지 않을 수 있을까?' 혹은 '어떻게 해야 이야기를 짧게 끊을 수 있을까?'를 고민하는 데 소비했던 것 같다. 그런 훈련의 산물이 바로 오늘날 정신과 진료에서 흔히 보이는, "밤에 잠은 잤나요? 식사는 했나요? 양치질은 했나요? 네, 그럼 다음 주에 오세요."라고만 하는 콩트 같은 1분 정신 요법이다.

사춘기에 접어든 아이가 그간 무비판적으로 존경해왔던 양친과 교사가 실은 불완전한 존재라는 사실을 깨닫듯이, 젊은 정신과 의사에게도 선배들의 말은 전부 옳다는 착각에서 벗어나는 시기가 찾아든다. 내가 배운 것이 전부 옳을까, 실은 선배들도 질문의 답을 모르면서 난처한 나머지 적당히 답한 것이 아닐까. 이런 의문을 품기 시작하는 것이다.

내게 정신과 의사로서 '사춘기'가 찾아든 것은 의사가 되고

11년째 되던 해였다. 소년감별소*와 소년원 같은 소년 교정시설에 출입하기 시작한 것이 계기가 되었다.

지금까지 정신과 의사로 일한 25년 중에서 전환의 계기를 꼽으라고 한다면, 나는 즉시 두 가지를 이야기할 것이다. 한 가지는 앞서 언급한 대로 의존증 전문병원에 '의지와 무관하게' 부임한 일이다. 나머지 하나는 뭐니 뭐니 해도 소년 교정의 세계를 살짝 엿본 일이다.

의사가 되고 10년이 지났을 무렵, 나는 대학병원에서 근무하며 네 번째 봄을 맞이하고 있었다. 의존증 전문병원에서 3년간 근무하고 다시 의국의 발령을 받아 대학병원으로 돌아온 나는 당시 일반 정신과 임상에 종사하면서 후진을 양성하는 날들을 보내고 있었다. 낮에는 뜨거운 꿈과 희망을 품은 수련의, 의대생과 격렬하게 논의하며 진료했고, 밤에는 그들과 술자리를 가졌다. 마치 학창 시절의 연장전 같았고, 그럭저럭 즐겁게 생활했다.

---

* 법원이 위탁한 소년들을 일시적으로 수용하여 신변을 보호하는 동시에 상담과 심리 검사 등을 통해 성장 배경, 성향, 재범 가능성 등을 조사하고 법원의 참고 자료를 작성하는 기관이다. 한국도 오랫동안 소년감별소라고 했지만, 1999년 '소년분류심사원'으로 명칭을 변경했다.

그렇지만 임상에 있어서는 대학병원에 돌아오자마자 지루해졌다. 대학병원을 다니는 환자의 대부분은 첫 진료까지 기나긴 시간을 기다리더라도 '대학병원'이라는 브랜드를 고집하는 사람들이었다. 사실 여기에는 정신과라는 진료과의 특수성이 있다. 정신과에는 고도의 수술이나 고가의 의료기기를 이용하는 치료법이 없기 때문에 대학병원이든 동네 병원이든 제공하는 치료의 내용은 본질적으로 다르지 않다. 차이가 있다면 기껏해야 똑같은 유니클로의 옷을 도쿄 중심에 있는 긴자점에서 살지 외곽인 다치카와점에서 살지 하는 정도의 차이, 그러니까 기분이 다를 뿐이다.

오해하지 않았으면 하는데, 나는 결코 대학병원의 임상이 틀려먹었다고 말하는 게 아니다. 내가 대학병원 전에 경험한 임상 현장이 너무나 특수했던 것이 원인이었다.

의존증 전문병원에서는 해프닝과 사건이 끊이지 않았다. 또한 그곳에서 했던 진료란 '왼쪽이라 하면 오른쪽을, 위라고 하면 아래를' 보는, 평범한 수가 통하지 않는 환자들과 벌이는 진검 승부가 대부분이었다. 누군가 병동의 어딘가에서 손목을 그으면, 다른 누군가는 외출 중에 술을 마시고 '짐승으로 둔갑해서' 돌아와 병원에 대한 불만을 큰 소리로 떠들어댔다. 그런 일이 매일매일 일어났다. 그에 비해 대학병원의 임상은 어딘지 목가적인 느낌이어서 나는 환자의 이야기를 듣다가 졸음이 쏟아지는 걸 진심으로 고민하기도 했다. 아마도 나는 카레 전문점 코코이찌방야에 매일같이 가서 가장 매운 맛만 먹는 단골이 '통증 없이는 맛을 모른다.'고 하듯이 일종의 임상적 불감증에 빠졌던 것 같다.

그러던 어느 날 지인을 통해 소년감별소의 의사와 인연을 맺게 되었다. 그 의사는 외과 출신으로 소년감별소에 입소하는 이른바 불량소년들의 심적 문제에 골머리를 앓으며 정신과 의사의 지원을 바라고 있었다. 그런 소문을 들은 나는 지인에게 억지로 부탁해서 그 의사와 연락을 취했고, 곧장 매주 하루 있는 연구일에 소년감별소, 그리고 같은 지역의 소년원에서 진료하는 촉탁의 계약을 맺었다.

불량소년 진료에 관심이 생겼을 때, 내 뇌리에는 거의 반사적으로 20년 전인 중학생 시절에 양팔을 붙잡힌 채 경찰차에 억지로 밀려 타던 동급생이 떠올랐다.

내 친구가 수용되었던 시설에서 그와 많이 닮은 아이들과 만나게 되겠구나….

역시 나는 마음속 한구석에서 그의 환영을 쫓으며 재회를 기대하고 있었는지도 모른다. 그렇다면 어떤 점에서 그 기대는 어긋나지 않았다. 소년감별소와 소년원에서 내가 마주한 것은 20년이라는 긴 시간 동안 있었던 온갖 유행의 흥망성쇠를 잊게 하는 옛날 그대로의 불량소년 문화였기 때문이다. 그들 중 많은 이의 손과 팔에는 연인의 이니셜이 새겨져 있었다. 그리고 연인이 바뀌면 그들은 이니셜을 불 붙은 담배로 비벼서 지우고 새로운 이니셜을 새겼다. 팔꿈치부터 손목까지의 피부는 몇 번씩 덧칠한 유화의 캔버스 같았다. 그 팔뚝은 서로 속박하는 것으로만 유대감을 확인할 줄 아는, 자기만의 거처가 없는 아이들이라는 증거였다.

그렇지만 재회에 대한 반가움 이상으로 놀라움이 더 컸다. 그곳에는 세상에 이토록 많은 불행이 있느냐고 의심할 만큼 심각한 트라우마 체험에서 살아남은 아이들밖에 없었기 때문이다.

내게 첫 세례를 준 사람은 입소 전에 폭주족 리더였다는 무서운 인상의 소년이었다. 그는 진료실에 들어오자마자 목소리를 낮추며 "절대로 아무한테도 얘기하지 마세요."라고 내게 다짐을 받은 다음 고백하기 시작했다.

그는 매일 밤 불 꺼진 암흑 속에서 두 눈을 크게 뜬 채 가위에 눌렸다. 어린 시절 부친이 몇 시간씩 구타하고, 머리채를 잡아 얼굴을 수없이 목욕물에 처담갔던 기억이 되살아났다. 어째서인지 그는 기억 속에서 욕조 앞에 있는 어린 자신의 모습을 내려다보고 있었다.

다른 기억도 있었다. 함께 폭주족을 하던 둘도 없는 친구가 눈앞에서 대형 트럭의 타이어에 깔려 순식간에 피투성이 고기 조각이 되는 정경이 슬로모션으로 흐르다 필름이 되감겨서 다시 같은 장면이 반복되었다. 그는 어둠 속에서 그런 영상의 단편과 대치하다 보면 공포에 압도되어 지금 자기가 몇 살인지도 모르게 된다고 했다. 누가 어떻게 봐도 전형적인 외상 후 스트레스 장애의 플래시백 증상이었다.

고개를 숙이고 어깨를 떨면서 목소리를 쥐어짜 힘들게 이야기하는 그의 모습은 도저히 전 폭주족 리더 같지 않았다. 그저 공포에 겁먹은 가련한 어린아이였다.

"불이 꺼지면 공포 때문에 눈은 오히려 더 맑아지는데, 몸은 움직이지 않고 목소리도 안 나와요. 그 공포를 끝내려면 어쨌든 잠에 빠지는 수밖에 없는데 전혀 졸리지 않고요. 아침이 되어 주위가 환해질 때까지 계속 그대로 있어요."

그는 '전 폭주족 리더'라는 이유로 다른 소년들의 주목을 받고 있었고, 직원들도 그가 다른 소년들의 모범이 되길 기대하고 있었다. 그렇기 때문에 더더욱 자신의 고민을 직원에게 편히 이야기할 수 없었다.

"상담 같은 거 해봤자 좋은 일은 하나도 없어요."

그는 힘주어 말했다.

"초등학교 3학년 때 집에서 얻어맞고 얼굴이 부어오른 채로 학교에 간 적이 있어요. 제 얼굴을 보고 수상하게 생각한 담임이 '잠깐 와봐.'라고 불러내더니 '비밀은 절대로 지킬 테니까 솔직히 말해.'라고 끈질기게 묻는 바람에. 솔직히 망설였는데 담임을 믿고 집에서 매일 맞는다고 얘기했어요."

"그랬는데 담임이 그날 밤 우리 집에 오더니 아버지한테 막 잔소리를 시작하는 거예요. 당연히 나중에 아버지한테 엄청 두들겨 맞았어요. '쓸데없는 소리는 하지 마.'라고요. 그때 다짐했어요. '절대로 어른한테 얘기하면 안 돼. 어차피 배신할 거야. 결과만 더 나빠져.' 그 뒤로 아무도 믿지 않으려 했고 솔직한 마음은 누구한테도 얘기하지 않았어요. 그래도 중학생이 되어서 술이랑 약을 배우니까 꽤 편하더라고요. 마음이 힘들어도 술을 확 마시거나 마리화나 좀 빨면 뇌가 마비돼서 아무것도 느껴지지 않거든요."

그래도 그는 딱 한 번 직원에게 수면제 처방을 받고 싶으니 의사의 진료를 받게 해달라고 간청한 적이 있었다. 하지만 직원은 "네가 무슨 약쟁이야? 약 같은 거에 기대는 나약한 인간이 되면 안 돼!"라고 물리쳐버렸다고 한다. 그 뒤로 그는 더 이상 누구에게도 상담하지 않겠다고 마음먹었다.

소년 교정시설에는 트라우마와 관련된 정신의학적 증상이 범죄 행동으로 직접 이어진 아이들도 적지 않았다.

성적 가해 행동으로 수용된 한 소년은 오래전 일시보호소*—그는 양육자의 학대를 받았었다—에 있을 때 나이 많은 소년의 강요로 성기를 만져주고 사정까지 시켜야 했다. 즉, 성적 가해의 피해자였다. 그 뒤로 그때의 기억이 침입하듯 저절로 되살아날 때마다 치욕감에 짓눌려 '그건 대단한 일이 아냐. 흔한 놀이였어.'라고 스스로를 타일렀고, 그 결과 아동양육시설에서 자기보다 어린 소년을 상대로 똑같은 성적 가해 행동을 반복했다.

방화 때문에 수용된 한 소녀는 '만취한 부친이 집에서 난동을 부리고 모친과 자신을 두들겨 패는 장면'이라는 외상 기억이 뇌리에 떠오를 때마다 말로 표현할 수 없는 강렬한 감정에 사로잡혀 마치 컴퓨터가 다운되듯이 의식이 날아간다고 했다. 그리고 의식이 날아간 동안 전철역의 공중화장실에서 휴지를 불태우는 행위를 반복했다.

성적 가해 행동도 방화도 심각한 범죄인 것은 분명하다. 성인이라면 꽤 엄벌을 받을 중죄다. 하지만 그런 범죄의 가해자인 아

• 일본 아동상담소의 부설 시설로 학대 등을 받은 아이들을 잠시 보호하는 곳이다. 한국에도 영아와 아동을 보호하는 일시보호소가 각지에 있다.

이들의 이야기를 듣고 있으면, 그들이야말로 피해자이며 필요한 것은 형벌이 아니라 정신의학적·심리학적인 치료가 아닐까 하는 생각을 할 수밖에 없었다.

같은 맥락에서 해리성 정체장애―예전에는 다중인격이라 했다―도 범죄와 관련된 정신장애로 무시할 수 없다.

지금까지 정신과 의사로 일하면서 해리성 정체장애 환자와 가장 많이 조우한 곳은 단연 소년 교정의 현장이었다. 그 빈도가 너무 높아서 처음에는 나도 스스로 내린 진단을 믿을 수 없었다. 평범한 정신과 의료 현장에서 해리성 정체장애와 만나는 일은 좀처럼 없었기 때문이다. 그럼에도 해리성 정체장애라는 진단을 의심할 수 없다고 스스로 받아들였을 때, 그동안 익혔던 나 자신의 정신의학관이 굉음을 내며 무너지는 느낌이 들었던 것이 지금도 기억난다.

다만 아쉽게도, 소년 교정의 세계에 있는 정신과 의사가 모두 해리와 트라우마에 정통하지는 않다. 그걸 사무치게 깨달을 수밖에 없었던 일이 있었다.

어느 날, 나는 소년감별소의 상근직 의사로부터 한 소년을 진단해달라는 의뢰를 받았다. 사정을 들어보니 "머리를 벽에 들이받거나 주먹으로 자기 몸을 때리는 소년이 있어. 본인에게 물어보면 환청이 들린다고. 조현병이 아닐까?"라고 했다.

당시 15세였던 그 소년은 우범소년(앞으로 범죄를 저지를 가능성이 높은 미성년자)으로 소년감별소에 입소해 있었다. 그는 다른 많은 아이들과 마찬가지로 양친의 불합리한 체벌을 받으며 성장했고, 초등학교에서는 6년 내내 학교 폭력을 당했다. 중학생이 되자 그는 자신의 남동생에게 음습한 폭력을 휘두르기 시작했다. 이를테면 동생의 손톱을 벗기기도 했고, 수면 중에 때려서 깨운 다음 다시 잠들려고 하면 따귀를 날리는 식으로 밤새 괴롭히기도 했다. 나아가 길에서 주운 개와 고양이를 고층 빌딩에서 떨어뜨리고 사체를 방치한 채 도망치는 등 정도를 벗어난 장난을 되풀이했다. 그러던 어느 날, 현장을 목격한 동네 주민이 신고하여 소년감별소에 입소하게 된 것이었다.

연령에 비해 몸집이 작은 소년이었다. 진료실에서 그에게 지금까지 생애에 대해 물어보는데, 갑자기 머리를 감싸고 괴로워했다. 그러다 얼굴을 고통으로 일그러뜨리고 짐승 같은 울음소리를 내며 일어서더니 벽에 머리를 세게 들이받기 시작했다. 울음소리를 들은 시설 직원들이 진료실로 와서 그의 몸을 꽉 잡고 제어했다. 소년은 신음 소리를 내며 저항했지만 직원이 붙잡은 소년의 팔에 내가 정맥주사로 진정제를 놓자 점차 움직임이 약해지더니 어느새 색색거리며 잠들었다. 나는 직원과 함께 그를 안아 올려서 침대로 옮긴 다음 모포를 덮어주었다.

대략 30분 뒤에 그가 깨어났다.

"왜 제가 침대에서 자고 있어요?"

그는 의아한 표정으로 물어보았다. 조금 전과 전혀 다른 사람, 어린아이다운 천진난만까지 느껴지는 표정이었다. 나는 그가 잠들기 전에 어떤 상태였는지 설명했다.

"아, 맞아요. 지금 생각났어요. 선생님한테 말하는데, 또 다른 제가 튀어나올 것 같았어요. 밖에 나오면 엄청 날뛸 거라서 어떻게든 그놈을 막아야 했어요. 그래서 필사적으로 벽에 박치기를 했는데, 그러다 의식이 어딘가로 날아갔고 아무것도 알 수 없게 되어서⋯."

그 뒤의 면담에서 그가 말한 '또 다른 나'는 지금까지 집과 학교에서 당한 폭력으로 생겨난 분노와 증오를 전부 떠안아준 교대交代 인격이라는 것을 알았다. 하지만 그 인격도 최근에는 완전히 과부하 상태였다. 그 때문에 양친의 편애를 받는 남동생과 항상 착한 척하면서 가혹한 상황에 지나치게 순종하는 주主 인격에 분노와 적의를 품었던 것이었다. "동생을 죽여."라든지 "너 같은 건 죽어버려." 하는 환청은 조현병의 증상이 아니라 교대 인격의 목소리라는 게 판명되었다.

나는 그의 비행성과 범죄성이 심해지는 걸 막으려면 해리성 정체장애에 정신의학적 개입이 필요하다고 판단했고, 그런 뜻을 의견서에 분명히 적었다. 가정법원은 내 의견을 받아들였고 판결에 따라 그는 의료소년원에 송치되었다.

그렇지만 나는 나중에 그 판단을 후회했다. 한 달 뒤, 소년감별소와 병행하며 진료를 다니던 일반소년원에서 그와 재회했기 때문이다. 의료소년원에 있어야 하는 그가 어째서 겨우 한 달 만에 일반소년원으로 옮겨졌는가. 아무리 생각해도 너무 빨랐다.

대체 무슨 일이냐고 물어보자 그가 먹구름 낀 표정으로 답했다.

"의료소년원에 있을 필요가 없다고 하더라고요. 그래서 바로 여기로 옮겨왔어요."

소년의 말에 따르면 의료소년원에서는 소년이 교대 인격에 관해 호소하자 "그런 얘기는 듣고 싶지 않아. 앞으로 그 얘기는 하지 마."라고 일축했다고 한다. 교대 인격의 출현을 막기 위해 자해 행위를 할 때마다 소년은 징벌로서 '보호실'에 격리되었다. 그리고 결국 "그 '또 다른 나'에 대한 얘기는 거짓말이었습니다."라고 고백하길 강요받았다고 했다.

설마.

믿기 어려워서 소년의 진료기록을 살펴봤다. 확실히 의료소년원에서 보낸 문서에는 "'또 다른 나'는 거짓말이라고 고백했다."라는 에피소드와 함께 "꾀병"이라고, 병명이라 할 수 없는 병명이 쓰여 있었다.

나중에 안 사실인데 당시 의료소년원에서 그를 담당한 베테랑 정신과 의사는 고전적인 독일 정신의학을 신봉하는 사람이었다. 당연히 그의 정신과 진단 목록은 고리타분한 '신화'로 가득했고, '해리' 따위는 존재하지 않았다.

소년의 진단명은 단순한 반사회적 인격장애로 정리되었고, 치료 대상에서 배제되고 말았다.

이 이야기에는 후일담이 있다.

소년원에서 나온 후, 그는 살인미수 사건을 일으켰다. 충분히 예상했던 사태였다.

교정시설의 단단한 관리 체제에서 해리성 정체장애가 있는 사람의 폭력적인 인격은 악화되기 쉽다. 통제적인 환경에 순종하여 잘 적응하는 교대 인격을 만들어내서 얼핏 평온하게 시설 생활을 하는 것 같아도 억압된 분노와 증오 같은 감정은 확실히 폭력적인 인격을 비대하게 만들기 때문이다. 비극은 꼭 지역 사회로 돌아간 다음 벌어진다. 쇠사슬에서 풀려난 내면의 몬스터가 시설 안에서 강화한 폭력성을 시설 바깥에서 폭발시키는 것이다.

소년감별소와 소년원의 아이들 대부분은 자기 이야기를 하면 무시당하고, 무조건 폭력으로 억압당하고, 거짓말이라고 의심을 받았다. 그들의 입장에 다가가서 이해해보려고 하니 그와 같은

환경에서 살아남으려면 손목을 긋든지 약물을 남용해서 마음의
고통을 마비시키는 수밖에 없을 것 같았다. 그렇게 자기 마음의
고통을 둔감하게 만들다 어느새 타인의 고통에도 둔감해지고
공감 능력이 훼손된 것은 아닐까 하는 생각도 들었다.

　바로 그 때문에 그저 '듣기'만 해도 아이들의 배타적인 딱딱
한 태도는 부드러워졌다. 바람직한 방향으로 변화하는 아이들도
적지 않았다. 나 역시 그런 장면을 여러 차례 목격했다. 가혹한
트라우마에 관해 물어보고, 아이들의 이야기를 믿고 귀 기울이
며 "정말 큰일이었구나." "정말 잘 살아남아주었다." "너는 나쁘
지 않아." 같은 흔해빠진 말을 건네면 그들은 고개를 들었고 잠
시지만 눈을 반짝였다.

　그런 뒤에는 다음과 같은 말을 자주 들었다.

　"이 얘기를 누군가한테 한 건 오늘이 처음이에요. 계속 누가
이야기를 들어주지 않을까, 물어봐주지 않을까, 하고 마음속 한
편에서 기대했어요. 하지만 만나는 사람들은 전부 기대를 저버
리더라고요. 누구도 물어봐주지 않았어요."

　그 무렵 나는 이미 '트라우마에 관해 질문해서는 안 된다.'는
신화를 의심하고 있었다. 그 전후에는 자해 행위와 관련해 배웠
던 신화도 머릿속에서 지웠고, 내 나름 새로운 생각을 품었다.
그 생각을 단적으로 표현하면 다음과 같다. '손목을 긋는 아이들

이 자르는 건 피부만이 아니다. 그들은 피부와 함께 의식 속에 있는 괴로운 사건의 기억, 괴로운 감정의 기억을 잘라버리는 것이다.' 그리고 '보이는 상처(자해 행위의 상처)의 이면에는 보이지 않는 상처(마음의 상처)가 있다.'라고도 생각했다.

그 생각을 내게 뼈저리도록 일깨워준 소녀가 있다. 소년감별소에서 만났던 아이다. 그는 진료실에서 이렇게 말했다.

"오래전, 나이 차이가 많이 나는 오빠가 폭력으로 위협하면서 섹스를 강요한 시기가 있었어요. 부모님은 눈치채주지 않았어요. 아니, 실은 알고도 모르는 척했다고 생각해요. 그리고 학교에서는 모두에게 괴롭힘을 당했는데, 이번에는 선생님이 보고도 못 본 척을 했어요. 그런 생활 속에서 저는 '자살하지 않기 위해' 초등학생 때부터 계속 숨어서 칼로 손목을 그었어요."

"하지만 중학생이 되자 더는 참을 수 없었어요. 살아 있는 것 자체가 너무 힘들었고, 그걸 누가 알아주었으면 했어요. 그래서 모두가 있는 교실에서 커터 칼로 제 팔을 깊게 베었어요. 그러자 정말 큰 소동이 일어났고, 선생님들은 저한테 엄청나게 화를 냈어요. 교장실로 불려갔고, 부모님도 학교로 불려왔고, 계속 혼나고…. 집에 돌아가서는 아버지한테 실컷 얻어맞았어요. 끝도 없이요. 그래서 그때 저는 더 이상 절대로 아무도 믿지 않겠다고 맹세했어요."

어른들에게 절망한 후 그는 자해 행위를 뚝 그쳤다고 한다. 그 결과를 듣고 '역시 어른이 엄하게 혼내면서 규범을 정해주니까 손목 따위 긋지 않게 된 거예요. 자해 행위라지만 어리광이 드러난 거라고요.'라고 말하는 사람이 있을지도 모른다.

그렇지만 그 생각은 완전히 잘못된 것이다. 예를 들어 학대 피해와 자해 행위는 밀접한 관련이 있지만, 학대가 이뤄지는 집 안에서 자해를 하는 아이는 극히 드물다. 대부분의 피학대 아동은 아동상담소의 보호를 받아 일시보호소나 아동복지시설로 옮겨간 다음 갑자기 심각한 자해 행위를 시작한다.

이건 무엇을 의미할까? 간단히 말해 안심할 수 없는 장소에서는 자해조차 할 수 없다는 뜻이다. 자해 행위는 조금이나마 안심할 수 있는 환경, 내 고통을 어느 정도 이해해줄 사람이 있을 듯한 환경에서 일어나는 현상인 것이다. 그러니 소녀가 자해 행위를 뚝 그친 것은 세계가 안심할 수 없고, 살짝 방심도 할 수 없는, 적의로 가득한 곳이 되었기 때문이다.

그로부터 얼마 지나지 않아서 소녀는 불량소년들과 모의해 원조교제를 가장한 공갈을 벌이기 시작했다. 그 결과 소년감별소에 오게 된 것이다. 그들의 수법은 대단히 범죄성이 높은 것이었다. 소녀는 길에서 중년 남성에게 "아저씨, 한 번 할래?"라며 호텔로 유인했다. 그리고 두 사람이 호텔로 들어가면 머지않아

한패인 불량소년들이 방에 들이닥쳐 남성의 신분증과 운전면허증을 빼앗고 "회사에 연락할까?" "집에 전화해도 되지?"라고 협박하여 있는 대로 금품을 갈취했다.

그는 얼어붙은 듯 무표정하게 말을 이었다.

"공포에 질린 남자들이 무릎 꿇고 눈물을 질질 짜면서 돈을 전부 내놓는 모습을 보면, 그만한 쾌감이 없어요."

소녀의 이야기는 마치 어른들이 하늘을 향해 뱉은 침이 그대로 머리로 떨어졌다고 말하는 듯한, 신랄한 우화처럼 들렸다.

소년 교정의 세계에서 배운 것이 두 가지 있다. 하나는 '힘들게 하는 사람은 힘들어하는 사람일지 모른다.'라는 것이었고, 또 다른 하나는 '폭력은 자연적으로 발생하지 않으며 타인에게서 배운다.'라는 것이었다.

흉악한 소년 범죄가 벌어지면 뉴스쇼에 출연한 평론가가 항상 이렇다 할 근거도 없이 "규범의식이 없는 아이들이 늘어나고 있다. 학교에서 더욱 도덕 교육에 힘써야 한다."라는 식으로 주장한다. 그럴 때마다 나는 '너희는 하나도 몰라.'라고 생각한다. 왜 일부의 사람들이 공동체의 규범을 경시하고 일탈할까? 그 답은 너무나 명료하지 않은가. 그들에게는 공동체에 대한 신뢰가 없기 때문이다.

공동체란 결국 그들이 지금까지 만난 사람들의 집합체, 집단이다. 사람은 신뢰하는 집단의 규범, 자신에게 중요한 집단의 규범만 존중하고 준수하는 법이다. 나 역시 그 때문에 신출내기 시절 한시라도 빨리 정신과 업계에서 자리를 잡으려고 수많은 신화를 준수하며 눈물 나는 노력을 거듭하지 않았는가.

그렇지만 소년 교정의 세계에서 겪은 임상을 계기로 나는 내가 속한 집단에 실망했고, 선배들이 전부 옳다는 착각에서 급속하게 벗어났다. 그리고 마침 그 무렵, 현재의 직장에 신설된 법정신의학 연구부에서 연구자를 모집한다는 것을 알고 나는 대학병원을 그만둘 생각을 하기 시작했다.

알파로메오 카프리치오

○

　의사가 된 이래 지금까지 이탈리아 자동차만 타왔다. 피아트, 알파로메오, 란치아, 마세라티…. 내 차는 모두 1990년대에 생산된 이탈리아 자동차였다.

　나는 결코 부자가 아니다. 그럼에도 내가 이탈리아 자동차만 탈 수 있었던 이유는 전부 중고차였기 때문이다. 1990년대까지만 해도 이탈리아에서 만든 차는 언제 무슨 일이 벌어질지 모르는 위험한 자동차라는 인식이 있어서 새 차를 타다가 팔면 똑같이 유럽에서 건너온 독일 차와 비교도 못 할 만큼 가격이 떨어졌다. 그래서 페라리나 람보르기니 같은 일부 슈퍼카를 제외하면 대부분의 이탈리아 자동차는 10년도 되지 않았는데 중고차

시장에서 100만~200만 엔의 가격대로 거래되어 애송이 의사도 욕심낼 만했다.

물론 1990년대의 이탈리아 자동차인 만큼 그만한 각오는 필요했다. 차체의 도장은 일제에 비해 훨씬 빠르게 상태가 나빠졌고, 애초에 단단하지 않은 차체는 더욱 헐거워져서 도로를 달리면 여기저기에서 삐걱거리는 소리가 났다. 게다가 엔진도 느슨하게 조립했는지 엔진오일이 너무 빨리 줄어들었다. 필연적으로 일주일에 한 번씩 반드시 엔진오일을 확인하고 스스로 적정량을 보충하는 노력을 게을리해서는 안 되었다.

특히 냉각계의 허술함은 일제 자동차의 성능에 익숙해진 사람이라면 이해하지 못할 수준이었다. 한여름의 막히는 도로에서 그칠 줄 모르는 냉각 팬의 소리와 전혀 내려갈 낌새가 없는 수온계의 온도에 조마조마하다 고뇌 끝에 에어컨을 끄는, 이런 일은 일상다반사였다. 최악의 경우 엔진 룸의 열기를 차내로 빼기 위해 찜통더위에서 히터를 켜겠다는 각오까지 해야 했다. 폭포처럼 땀을 흘리며 운전하는 것은 이탈리아 자동차의 '여름 운치'라는 마음가짐이 필요했다.

이 대목에서 중고 이탈리아 자동차를 고집하는 사람의 뒤틀린 자긍심을 엿볼 수 있다. 독일 자동차는 돈만 있으면 누구나 몰 수 있지만, 이탈리아 자동차는 다르다. 독일 차만큼 돈이 필요하지 않은 반면, 자동차에 관한 지식, 정비를 마다하지 않는 근면함, 때로 부조리하다고 여길 수 있는 문제를 받아들이는 관용까지 있어야 하는 것이다.

그동안 여러 이탈리아 자동차들을 타왔다. 그중에서 '가장 인상 깊은 한 대'를 뽑으라면 나는 망설이지 않고 알파로메오를 고를 것이다.

지금으로부터 20여 년 전, 나는 '알파로메오 155 트윈 스파크'라는 차를 타고 있었다. 알파로메오는 의사가 된 뒤로 줄곧 동경하며 각별한 마음을 품은 브랜드였다. 이유는 단순했다. 수련의 시절 내 지도 의사가 알파로메오를 몰았던 것이다.

대학병원에 1년 차 수련의로 있던 때의 일이다. 저물녘의 직원주차장에서 일을 마치고 집에 돌아가는 지도 의사가 자동차에 타는 것을 우연히 목격했다.

신기한 차였다. 네모나게 각진 소형 세단으로 얼핏 보면 구식 일본차라고 착각할 만했다. 그런데 왠지 모르게 '평범한 차가 아니다.'라는 분위기를 풍겼다. 전면부 라디에이터 그릴에서 눈부시게 빛나던 알파로메오의 화려한 문장이 그런 분위기의 주요한 이유였는지도 모른다.

그날 나는 알파로메오라는 자동차를 난생처음 실물로 봤다.

나중에 그 차의 정식 명칭이 '알파로메오 75 트윈 스파크'이며, 이미 생산이 중지된 희소한 자동차라는 사실을 알았다. 나는 그 자동차의 겉모습에 왠지 마음이 끌렸다. 이상한 비유일지 모르지만, '모든 사람이 좋아할 법한 아이돌은 결코 아니고, 굳이 말하면 수수한 인상인데 사소한 몸짓의 우아함이 신경 쓰여 왠지 자꾸 눈으로 쫓게 되는 여성' 같았다.

'그렇구나. 이게 정신과 의사의 선택인가!'

당시 순진하던 내가 격하게 감격했던 것이 기억난다. 어느 정도 돈이 있는 의사는 웬만하면 벤츠나 BMW 같은 독일 차를 타는데, 내 지도 의사는 그러지 않았기 때문이다.

얼핏 수수해 보이지만 어딘지 무시할 수 없는 독특한 존재감이 있는 것. 나는 그렇게 한번 비튼 취향에서 '정신과 의사다움'을 느꼈다. 같은 의사임에도 동종업자들이 왠지 얕잡아보고, 자기 자신도 어느 정도 그렇다고 받아들이지만, 정신과 의사에게는 '그래도 역시 필요하고 나만 할 수 있는 일이 있어.'라는 특유의 굴절된 자존심이 있다. 알파로메오 75는 그 자존심이 그대로 실현된 자동차 같았다.

그건 그렇고 어째서 나는 그토록 지도 의사를 흉내 내려 했을까. 실례를 무릅쓰고 말하면 그 의사가 뛰어난 임상 능력을 지니고 걸출한 학술적 업적을 쌓았기 때문은, 아니었다. 나를 세심하고 신중하게 지도해주었느냐면 그러지도 않았다. 좋게 말하면 사소한 것에 일일이 참견하지 않는 대범한 스타일이었지만, 나쁘게 말하면 '방치'에 가까운 방임주의였다.

다만 임상에서 보이는 그의 끈기와 안정감에는 순수하게 경의를 품었다. 당시 그는 경계성 성격장애라고 불리는 환자를 다수 맡고 있었다. 환자들의 갖가지 문제 행동―자해, 과식·구토, 감정 폭발, 병동 직원에 대한 폭언 등―에 고심했고, 환자와 병동 직원의 불만 사이에 끼어 꼼짝 못 할 때도 종종 있었다.

그렇지만 지도 의사는 그런 상황에서 화내며 언성을 높이지 않았다. 머리를 긁적이며 "난감하네."라고 투덜거릴 뿐 온화한 태도는 한결같았다. 곁에서 보면 의사가 환자의 문제 행동에 농락당하며 아무 말도 못 하는 것 같지만, 눈치채지 못한 사이에 차츰 태풍은 소멸했고 어느새 환자는 안정되어 있었다.

이것이 정신과 의사의 전략인가. 신출내기이던 나는 그렇게 이해했다. 격투기에 비유하면 외과 의사의 전략은 날카로운 펀치 한 방으로 KO승을 노리는 것이다. 그에 비해 정신과 의사는 상대를 계속 두들겨 이기는지 지는지도 모를 만큼 지치게 만들며 최종 라운드까지 버티다 결과적으로 판정승을 거두는 것이라고 나는 생각했다.

즉, 그 지도 의사는 내가 처음 만난 진짜 정신과 의사였다. 알에서 부화한 거위 새끼가 처음 본 움직이는 물체를 부모라고 여기며 졸졸 따라다니듯이 나는 그를 무조건 롤 모델로 삼았다. 열심히 그의 진료에 배석했고, 말버릇을 따라 했고, 몸짓을 흉내 냈다. 그러고도 만족하지 못하고 '언젠가 나도 알파로메오를 탈 거야!'라고 같은 자동차까지 꿈꾼 것이다.

뜻밖에도 꿈은 그리 머지않아 이루어졌다. 난생처음 현실에서 알파로메오를 보고 불과 3년 뒤, 즉 의사가 되고 4년 차가 되던 29세에 나는 빨리도 그 꿈을 실현시켰다.

그때까지 나는 지도 의사와 같은 이탈리아 자동차라도 알파로메오보다 대중적인 소형차 피아트 우노―50만 엔 정도에 구입한 중고차였다―를 타고 다녔다. '나는 미숙한 수련의. 알파로메오는 아직 일러.'라고 겸허하게 욕망을 자제하고 있었다.

그런데 거리의 허름한 중고차 매장에서 초저가로 판매하는 알파로메오 155 트윈 스파크를 '우연히' 발견해버렸다. 알파로메오 155는 알파로메오 75의 뒤를 이어 발매된 전륜구동 4도어 세단이다. 낮게 자리 잡은 전면부 라디에이터 그릴과 가느다랗고 긴 눈을 연상케 하는 헤드라이트 덕에 알파로메오 75보다 '살짝 불량한' 인상이다.

'이 기회를 놓치면 안 돼.'

나는 즉시 구입을 마음먹었다. 마침 그 무렵에 내 경제 생활이 안정될 기미가 보였던 것도 충동을 부채질했다. 3년 동안 이어진 일용직 수련의 생활에 종지부를 찍고 드디어 상근직 정신과 의사가 되어 첫해를 시작한 참이었다.

알파로메오 155에 관해 지금도 진심으로 높이 평가하는 것이 있다. 바로 운전하면서 그토록 기분 좋은 차는 없다는 것이다. 2리터 직렬 4기통 DOHC 엔진, 140마력. 사양은 당시 수준으로도 평범했지만, 일단 액셀을 밟아보면 숫자로 표현할 수 없는 독특한 관능성이 있다는 걸 바로 알 수 있다. 엔진 회전이 빠르게 한계 영역까지 치솟는데, 대략 1분당 회전수가 4000회를 넘어서면 급격하게 강력한 힘을 발휘한다. 그와 동시에 배기음도 변하여 "파아앙!" 하고 오토바이처럼 새된 소리를 내기 시작한다.

그게 정말 기분 좋았다. 알파로메오를 타면서 나는 운전 중에 음악을 듣지 않게 되었고 소리가 잘 반사되는 터널에서는 반드시 창문을 열었다. 알파로메오가 연주하는 소리를 듣고 싶었기 때문이다.

'더 이상 원하는 건 없어. 언제 인생이 끝나도 괜찮아.'

간신히 상근직을 손에 넣은 정신과 의사로서 일을 마치고 퇴근할 때마다 나는 집에 바로 가지 않고 알파로메오로 요코하마 요코스카 도로나 수도고속도로를 내달리며 과장이 아니라 정말 그렇게 생각했다.

그렇지만 역시 인생은 그렇게 녹록하지 않았다.

꿈이 실현되었다고 순수하게 기뻐할 수 있었던 시기는 그리 길지 않았다. 왜냐하면 마침 그 무렵부터 거리를 다니는 알파로메오 155가 급증했기 때문이다. 일본에 본격적으로 진출한 알파로메오의 정규 딜러사가 홍보에 힘쓰기 시작해서였을 것이다. 그 결과 알파로메오는 더 이상 마조히스트 같은 유별난 취향을 지닌 사람의 자동차가 아니게 되었다. '스스로 보닛을 열고 엔진 오일을 확인한다니 말도 안 돼.'라고 생각하는 평범한 사람들이 독일 차 대신 선택하는 외제차로 점점 자리 잡았다.

거리에서 보이는 알파로메오 155는 모두 이른바 '후기형'이라고 불리는 모델로 1995년 마이너 체인지*후에 나온 것이었다.

1990년대 전반 세계 투어링카 선수권에서 알파로메오 155에 기초해 만들어진 경주용 차량은 치열한 경주 끝에 라이벌인 메르세데스 벤츠를 제압하고 여러 차례 승리를 거머쥐었다. 당시 이미 마니아들 사이에서는 그런 알파로메오의 용맹한 모습이 화제를 모으고 있었는데, 절호의 기회라고 여긴 알파로메오는 절묘한 타이밍에 마이너 체인지를 했다. 그 결과 탄생한 것이 블

---

* 외견에는 거의 손대지 않고 자동차 사양의 일부를 변경하여 새로운 모델을 내는 것을 가리킨다.

리스터 펜더*와 에어로 스태빌라이저**를 장착해 경주용 차량을 방불케 하는 후기형 알파로메오 155 '스포르티바sportiva'였다.

솔직히 말해서 후기형은 멋있었다. 팔리는 게 당연했다. 에어로 스태빌라이저는 물론이고, 전면부 라디에이터 그릴도 약간 변경되어서 전체적으로 빠르고 강한 인상을 주었다. 나는 거리에서 번쩍이는 후기형 알파로메오 155—아마 운전자는 중고차가 아닌 새 차를 샀을 것이다—를 볼 때마다 질투심에 이를 갈며 머리를 쥐어뜯고 싶었다. 더 이상 나는 애차를 천진하게 즐기며 운전할 수 없었다.

동경했던 알파로메오를 벌써 내놓아야 할까. 풍전등화 상태인 알파로메오에 대한 애정을 되살리기 위해 무언가 타개책이 필요했다.

실컷 번민한 끝에 이끌어낸 현실적인 답은 '개조'였다.

그렇다. 나는 제조사가 출하한 상태의 알파로메오가 아니라 전 세계에 한 대밖에 없는 특별한 알파로메오의 차주가 되기로 마음먹은 것이다.

곧바로 나는 '주치의'(친하게 지내는 자동차 정비사)와 상담

• 펜더는 자동차의 바퀴를 덮는 차체의 부품으로 블리스터 펜더는 차체 바깥쪽으로 부푼 모양이라 광폭 타이어에 적합하다.
•• 공기 저항을 줄여 고속 주행에서 안정성을 높여주는 부품을 가리킨다.

하고 협력을 요청했다. 알파로메오의 고향인 이탈리아에 있는 개조 부품을 조사해달라고 하고, 반년에 걸쳐서 조금씩 개조를 진행했다.

가장 먼저 손댄 것은 흡배기 관련 부품이었다. 에어클리너와 머플러를 경주용으로 교체했다. 뒤이어 휠 크기를 두 단계 키우고, 편평비가 낮은 타이어를 장착했다. 그에 따라 노면에서 차체로 가해지는 압력이 세졌기에 엔진 룸 및 후부 트렁크의 좌우를 타워 바라는 금속 막대로 연결해서 차체의 단단함을 강화했다. 그리고 전면부 라디에이터 그릴을 후기형과 같은 것으로 교환하는, '미용 성형'이라고 할 만한 사소한 외관 개조도 시행했다.

운전 자세도 최적화를 했다. 라틴민족은 팔이 매우 긴 인종인지, 아니면 이탈리아 사람들이 뒤로 푹 기대앉아서 운전하는 걸 좋아하는지는 모르지만, 이탈리아 자동차는 전반적으로 운전석과 스티어링휠이 멀었다. 그래서 나는 항상 운전하기가 불편하다고 느꼈고, 알파로메오 역시 예외는 아니었다. 운전석 위치를 다리 길이에 맞추면 팔을 쭉 뻗어야 손이 스티어링휠에 닿았다. 그렇다고 스티어링휠을 최대한 잡기 편하게 운전석을 앞으로 당기면 마치 지하철의 '쩍벌남'처럼 다리를 양쪽으로 쫙 벌리고 스티어링휠을 끌어안는 듯한 자세를 취할 수밖에 없었다. 그래서 스티어링휠을 경주용으로 바꾸는 김에 스티어링휠과 스티어링락 사이에 보스boss라는 높이 10센티미터 정도의 원기둥 모양 부품을 삽입해서 스티어링휠을 가슴 쪽으로 가까이 당겼다.

일련의 개조 과정에서 마지막까지 손대지 않고 남겨둔 것은 바퀴와 관련한 부분이었다. 뒤로 미룬 것은 내 나름 고민했기 때문이다. 서스펜션을 교체하며 차의 높이를 낮출지 말지, 낮춘다면 몇 센티미터나 할지, 좀처럼 답이 나오지 않았다.

후기형 '스포르티바'의 경우에는 애초에 제조사에서 초기형보다 차의 높이를 1.5센티미터 낮춰서 발매했다. 자동차 잡지에서 찾아보니 개조 마니아들은 스포르티바에서 1.5센티미터를 더 낮추어서 초기형보다 3센티미터 낮게 하는 경우가 많다고 했다.

기왕에 하는 것이니 명백하게 '개조 좀 했다'는 느낌을 내야 하지 않을까. 그렇게 생각한 나는 고민 끝에 차의 높이를 4.5센티미터 낮추기로 했다.

그렇게 한 시대 전의 폭주족이 운전했을 법한 약간 상스러운 알파로메오가 완성되었다.

불가사의한 사실은 이 폭풍 개조의 시기에 동료와 친구, 나아가 가족까지 가까운 사람 누구도 내 차에 시시각각 일어나는 변화를 눈치채지 못했다는 것이다. 정말 아무도 몰라주다 보니 기다리다 못해 내가 먼저 고백한 적도 있다. 하지만 주위의 반응은 냉담했다.

"나이도 지긋한데 차나 개조하고 양아치 같아."

"이제 와서 폭주족이라도 하려고? 만화를 너무 본 거 아냐?"

그리고 마지막에는 반드시 다음처럼 설교했다.

"제조사가 충분히 시험해서 조정한 균형이 제일 중요해. 순정 상태, 있는 그대로가 최고라고."

당연히 나는 그런 조언을 귀담아듣지 않았다.

애차의 개조가 일단락되었을 무렵, 나는 의존증 전문병원으로 출근하기 시작했다. 얼마나 예상치 못했던 일이고, 내 뜻과 상관없는 발령이었는지는 이미 앞서 적었다.

당시 내게는 인사이동을 망설인 이유가 더 있었다. 어디에도 밝히지 않은 이유가. 그 이유란 의존증 전문병원의 주차 공간이 직원용과 환자용으로 명확히 구분되어 있지 않다는 것이었다. 나는 알파로메오처럼 흔하지 않은 차를 타고 다니면 막돼먹은 환자가 차에 화풀이를 하지 않을까 걱정했다.

그 걱정의 바탕에는 내 오해가 있었다. 그때까지 나는 의존증 임상에서 하는 일이란 술과 약물을 끊지 못하는 환자에게 질책과 잔소리를 하는 것이라고 생각했다. 물론 머지않아 완전한 오해라는 것을 깨달았지만, 부임 초기에는 진심으로 그렇게 믿었다. 그 때문에 약물 의존증 환자가 내게 원한을 품고 '평생 원망할 거야.' 혹은 '밤길 다닐 때 조심해.' 하는 협박을 하지 않을까, 그러다 자동차 타이어에 못이나 칼로 구멍을 내지 않을까, 동전으로 차체를 긁지는 않을까 겁먹고 있었다.

그런 걱정을 했기 때문에 의존증 전문병원 부임 초기에는 환자가 내 자동차를 특정하지 못하도록 매일 아침 진료 시작보다 한 시간 반 일찍 출근했다. 그러면 아직 주차장이 텅텅 비어 있어서 가장 안쪽의 눈에 띄지 않는 자리에 주차할 수 있었기 때문이다. 게다가 그 자리는 외래 병동 앞이라 진료를 보면서 내 차를 감시할 수 있다는 이점도 있었다.

이런 눈물겨운 노력에도 불구하고 많은 환자들이 금세 담당 의사가 무슨 차를 타는지 파악했다. 놀랍게도. 생각해보면 의존증 환자만큼 자동차를 좋아하고 차에 관한 지식이 풍부한 사람들도 없다. 왜냐하면 다들 말썽 좀 부려봤으니까. 그렇기 때문에 자기처럼 자동차를 좋아하는 담당 의사의 차에 장난을 치려는 생각 따위는 애초부터 안 했을지도 모른다.

오히려 자동차 덕분에 환자가 내게 친절을 베풀어주었던 것 같기도 하다. 이를테면 예전에 자동차 정비사였다는 남성 환자가 내 애차의 엔진 소리만 듣고도 팬 벨트가 느슨하다고 지적한 적이 있다. 나중에 반신반의하면서 '주치의'에게 찾아가 확인해보았는데, 그 환자가 말한 대로였다.

또 다른 환자는 내가 의사이면서도 독일 차를 타지 않고 굳이 위험을 감수하며 중고 이탈리아 자동차를 타서 좋다고 말해 주었다. 그는 고장이 잦고 손이 많이 가는 고물 자동차를 일부러 선택한 의사에게 일종의 '돌봄 능력'을 기대했는지도 모른다.

'그렇군. 그렇게 생각할 수도 있구나.' 나는 의외라고 생각하는 동시에 '못된 장난을 칠지 모른다.'라고 멋대로 의심한 자신이 부끄러웠다.

더욱 놀라운 사실은 내가 남몰래 알파로메오에 진행한 개조를 여러 환자가 눈치챘다는 것이다.

"머플러, 좀 손댔죠?"

"높이를 낮췄네요. 4센티, 아니, 5센티미터 정도인가?"

폭주족 출신인 약물 의존증 환자는 한 번 봐서는 결코 모를 개조를 정확히 알아봤다. 그뿐 아니라 나 몰래 자동차 하부를 들여다보기라도 했는지 교체한 머플러와 서스펜션의 제조사까지 정확히 맞혔다. 역시 왕년의 폭주족. 감탄밖에 나오지 않았다.

당시 참을 수 없이 궁금했던 것은 내 주위에서는 아무도 몰랐던 자동차의 개조를 어째서 의존증 환자들은 알아봤느냐는 것이었다.

내 나름 골똘히 생각해서 이끌어낸 답은 '의존증 환자들이 개조 자체를 선호하기 때문이 아닐까.' 하는 것이었다. 즉, 자신의 있는 그대로에 만족하지 못하고 끝없이 무언가를 덧붙이려고 하는 것이 이 병의 본질이 아닐까 하는 가설을 세웠다.

예를 들어 육체노동에 종사하는 한 환자는 일하기 전에 각성제를 이용해서 스스로의 성능을 향상시켰고, 명문 고등학교에 다니던 10대 환자는 카페인과 염산메틸에페드린 등 중추신경 흥분제 성분이 많이 함유된 시판 기침약을 무슨 별사탕처럼 입안에 털어 넣고 자는 시간을 줄이며 공부에 매달렸다.

이런 개조는 자동차에 비유하면 가솔린 첨가제나 경주용 엔진오일을 쓰는 정도의 일이다. 하지만 그대로 계속 나아가면 피어싱이나 타투 같은 신체 개조에 이르지 않을까. 나는 그렇게 생각했다.

지금 돌이켜보면 약물 의존증과 자해 행위 등 지금까지 내가 관심을 기울이고 진찰한 수많은 환자 중 적지 않은 사람들이 자신의 신체를 개조했던 것 같다. 그 개조 중 대부분은 귓불 외의 부위에 피어싱을 하거나 신체 이곳저곳에 타투를 하는 것이었다.

그런 신체 개조 중에는 명백히 병리성을 내포한 것도 있었다. 예를 들면 패션을 위해서가 아니라 손목을 긋는 것과 마찬가지로 '마음의 고통'을 달래기 위해 '육체의 고통'을 원하며 자기 손으로 도구를 이용해 몸 여기저기에 피어스용 구멍을 뚫는 행위가 있다.

실제로 자해 행위를 필사적으로 참던 한 환자는 어느 새 귓바퀴에 피어스가 늘어나 있었고 못 보던 타투가 눈에 띄기도 했다. 그런 환자에게 중요한 것은 타투가 어떤 그림으로 완성되었는지가 아니라 몸을 도려내는 과정에서 발생하는 고통이다. 실제로 그런 신체 개조는 위생적인 주의 없이 이뤄지는 경향이 있고, 종종 구멍 주위의 피부가 염증으로 곪기도 한다. 즉, 그들에게는 신체 개조 자체가 '자해'이며, 위생적인 주의를 기울이지 않는 것까지 '자해'라고 할 수 있다. 그런 신체 개조의 이면에 있는 심리적 고통을 해결하지 않고 그냥 놔두면 점점 심한 단계로 악화될 위험성이 있다.

한편으로는 그다지 심각한 병리성이 느껴지지 않는 신체 개조도 있었다. 그건 대략 두 부류로 나눌 수 있다.

첫 번째는 자신의 강함을 과시하고 무법자로 살아가겠다는 결의를 드러내기 위해 하는 신체 개조다. 코, 눈썹, 입술, 귓바퀴연골 등 보는 사람까지 아픈 부위에 한 피어스가 그 예다. 또는 반팔 티셔츠의 소맷부리나 단추를 풀어 헤친 셔츠의 가슴께에 얼핏 보이는 화려한 원색 타투도 그렇다. 모두 '아픔을 견뎠다'는 사실을 드러내어 자신의 강함을 주위에 과시하는 것이다.

두 번째는 겉으로 잘 드러나지 않는 사소한 신체 개조다. 평소에는 옷으로 가려지는 부위에 은근하게 한 것으로, 이를테면 성실해 보이는 회사원의 팔뚝에 있는 기계로 그린 작은 타투, 혹은 화려하지 않은 젊은 여성의 발목에 새겨진 나비 그림 타투 등이 있다.

두 번째 부류는 약물 의존증 환자 중 여성들 사이에서 많이 보인다. 여성 환자들 중에는 남몰래 신체에 타투를 그려넣거나 피어스를 장착한 이들이 있다. 입원 시에 신체검사로 MRI 검사를 하면서 신체 내의 금속과 문신 유무를 확인하는데, 그때 처음으로 유두나 성기의 피어스, 혹은 대퇴부 안쪽의 타투가 밝혀져 급히 검사를 중지하는 사태가 심심치 않게 일어난다. 그런 환자 중에는 현재 혹은 과거에 성산업에 종사하거나 성폭력 피해를 입은 경험을 가진 이들이 많다.

아마 그들은 자신의 경계선인 신체가 끊임없이 타인의 침범이라는 위협에 노출되는 경험을 했을 것이다. 그런 사람들에게 신체 개조란 '내 몸을 아무리 갖고 놀아도 마음까지 지배할 수는 없어. 나를 완전히 지배할 수 있는 사람은 없어.'라며 자기 신체의 불가침성과 소유권을 주장하는 수단이 아닐까. 나는 그렇게 생각할 수밖에 없었다.

그렇지만 임상 현장에서 마주친 신체 개조와 내가 자동차에

했던 개조 사이에 무언가 공통점이 있어 보이지는 않았다. 나는 알파로메오에 대한 소유권을 큰 소리로 주장할 생각은 결코 없었고, 주위에 강함을 과시하고 싶었다면 애초부터 가장 외관이 화려한 개조를 했을 것이다.

다만, 차량 개조와 관련해 분명한 사실이 단 하나 있었다. 당시 내가 후기형을 새로 구입한다는 선택지를 한순간도 고려하지 않았다는 것이다. 지금 냉정하게 돌이켜보면 개조 과정에 들인 자금을 모아서 후기형의 신차를 충분히 구입할 수 있었다. 당연하지만 후기형에 대한 부러움과 질투는 분명히 있었다. 그런데도 나는 후기형을 손에 넣는 게 아니라 어디까지나 '지금 내차', 즉 초기형을 어떻게 하고 싶었다.

그렇다면 '지금의 자신(또는 차)'과 매듭을 짓는 방법이라는 의미에서 신체 개조와 차량 개조에 공통점이 있는 듯도 싶다. 다르게 말하면 지금의 자신을 인정할 수는 없지만, 그렇다고 해서 자신을 전면 부정할 생각도 없는 것이다.

개조 끝에 자동차의 종합적인 성능이 향상되었느냐고 묻는다면, 아쉽지만 '아니.'라고 답할 수밖에 없다.

일단, 운전하기가 매우 어려워졌다. 흡배기 계통을 손봐서 엔진이 고회전일 때는 잘 달렸지만, 그 대신 저회전에서는 힘이 매우 약해졌다. 그 때문에 엔진의 회전수를 3000rpm 정도로 유지할 수 없는 시내에서는 차가 부자연스럽게 덜컥거리면서 움직였다. 출발할 때도 클러치를 매우 조심해서 조작하지 않으면 시동이 쉽게 꺼졌다.

그리고 스티어링휠을 내 쪽으로 당긴 만큼 방향지시등 레버와 스티어링휠이 멀어지고 말았다. 그 결과 스티어링휠에 손을 댄 채 손가락으로 레버를 조작할 수 없게 되었고, 방향지시등을 켜려면 먼저 스티어링휠에서 손을 떼고 저 안쪽으로 팔을 뻗어 더듬더듬 레버를 찾아야 했다.

휠 크기를 키우고 편평비가 낮은 타이어와 딱딱한 서스펜션으로 교체한 결과 승차감은 극단적으로 나빠졌고, 차체에 가해지는 부담도 커졌다. 물론 부담이 커질 것을 예상하여 미리 차체 앞뒤로 타워 바를 넣어 강성을 강화했지만, 강화하지 않은 부분으로 그만큼 부담이 전가되어 앞 유리에 금이 가는 비극이 일어났다. 또한 차체를 낮춘 탓에 아주 낮은 턱에도 차체 바닥의 오일 팬이 닿아버려서 편의점 주차장을 드나들 때도 조심조심하며 극도로 서행해야 했다.

가장 큰 문제점은 흡배기 계통을 손댄 탓에 전체적으로 주행 중 소리가 너무 시끄러워진 것이었다. 차량 내에서 대화하기가 거의 불가능할 정도였다. 심지어 차가 정지한 상태에서도 "웅 웅

웅." 하고 신음하는 듯한 저음이 울려서 밤늦게 귀가할 때면 동네에 소음 피해가 가지 않을까 걱정이 되었다. 달릴 때도 마찬가지라 마음먹고 액셀을 밟으면 "파아앙." 하는 파열음이 나서 같이 탄 사람이 깜짝 놀랐다.

왠지 미용 성형수술을 지나치게 많이 한 사람의 말로 같은 이야기다.

참고로 특별 사양의 알파로메오는 그 뒤로 1년 반쯤 더 탔다. 하지만 의존증 임상의 재미에 눈을 뜨며 내 내면에서 무언가가 깨어날수록 알파로메오를 향한 마음은 급속하게 시들었다.

언제부터인지 나는 평범한 정신과 의사만으로는 만족하지 못하고, 진료를 마치면 밤늦게까지 병원의 진료기록 보관고에 틀어박혀서 연구 비슷한 작업을 시작했다. 심야에 덜컹거리는 개조 차량을 운전해서 집에 돌아가는 것은 점점 귀찮아졌다.

머지않아 나는 알파로메오를 매각했고, 또 다른 이탈리아 중고차를 구입했다. 그 뒤로도 계속 중고 이탈리아 자동차를 갈아타고 있는데, 개조까지 한 차는 오직 그 알파로메오뿐이다. 아마 그 무렵이 되어서야 나는 정말로 개조해야 하는 것은 자동차가 아니라는 사실을 깨닫기 시작했던 듯싶다.

잃어버린 시간을 찾아서

○

　현재의 연구소에 부임한 이후 나는 법정신의학*, 자살 예방, 그리고 약물 의존까지 여러 연구 부문을 전전해왔다. 내 의지로 계속 옮겼다기보다 인사 발령에 휘둘렸다고 해야겠지만, 그렇다고 해서 내가 불운했다고 생각하지는 않는다. 이리저리 떠다니다가 내 의지로 선택했다면 만나지 못했을 진보나 기적과 마주치기도 하는 법이다. 내 경우에는 자살 예방 연구 부문에서 일했을 때 그야말로 그런 경험을 했다.

• 사법과 관련한 정신의학의 한 분야로 형사와 민사 관련 정신감정을 비롯해 위법행위를 저지른 정신질환자의 치료와 재활, 정신건강 관련 법 등을 전반적으로 연구한다.

자살 예방 연구 부문으로 이동한 것은 전혀 상상하지 못한 일이었다. 법정신의학 연구 부문에서 일하며 3년이 지난 어느 날, 갑자기 소장실에서 호출을 받았다. 소장은 내게 자살 예방 연구에 참가하지 않겠느냐고 의사를 타진했다. 처음에는 왜 내게 그런 이야기를 하는지 몰라서 혹시 일종의 좌천이 아닐까 착각하기도 했다.

　그렇지만 그와 동시에 소장의 타진은 '마침내 이때가 왔구나.'라며 절로 무릎을 치게 하는 반가운 것이기도 했다. 일단 고심하는 척하며 일주일 뒤에 정식으로 답을 해도 되겠느냐고 했지만, 실은 처음부터 소장의 요청을 받아들일 셈이었다. 전부터 나는 언젠가 자살과 정면으로 맞서고 싶다고 생각했기 때문이다.

　어째서 자살과 마주하길 바랐을까.

　정신과 의사라면 누구나 마음속에 자살한 환자의 묘비가 몇 개는 있을 것이다. 평소에 그런 묘비들은 으스스한 고요함을 자아내지만, 무언가를 계기로 기억의 관을 덮고 있던 흙이 바람에 날려 관의 일부가 지표로 드러나기도 한다. 그럴 때마다 욱신거림이랄지, 통증에 가까운 감각이 마음을 관통한다.

　특히 정신과 의사가 되어 처음 경험한 환자의 자살은 그 뒤에 아무리 경력을 쌓아도 좀처럼 욱신거림이 가시지 않았다. 적어도 나는 그랬다. 자살 예방을 연구하는 것이 자살한 환자에 대한

속죄이자 마음속의 욱신거림을 억제할 유일한 방법이라고 믿기
도 했다.

그 환자와는 의사가 되고 3년째 되던 해에 고향인 오다와라
시의 종합병원 정신과 외래에서 만났다. 당시 나는 그 병원에서
비상근 의사로 일주일에 한 차례씩 진료를 보고 있었다.

그는 50대 남성으로 우울증 진단을 받고 통원 치료 중이었다.
전에는 그럭저럭 성공한 중소기업 경영자였다고 했다. 사업뿐
아니라 지역 활성화를 위해서도 정력적으로 활동했고, 그가 말
하길 자기 지역의 상공회에서 젊은 자영업자와 중소기업 경영
자의 롤 모델로 존경을 받았다고 한다.

그러나 거품 경제가 꺼지자 상황이 돌변했다. 은행이 대출을
조이면서 회사의 자금줄이 꽉 막혀버린 것이다. 어떻게든 회사
를 지키려고 고리로 돈을 빌리기도 했고 사채까지 끌어다 썼지
만 언 발에 오줌 누기였다. 결국 회사는 도산했고, 그때부터 사
채업자에게 시달리게 되었다. 그에게 공갈과 협박을 하는 전화
가 걸려왔고, 집 현관에 독촉장이 붙었다. 심지어 아내의 파트타
임 직장에 전화해서 괴롭히고, 하교하는 아이를 겁주는 등 가족
의 안전까지 위협을 받기 시작했다.

그는 더 이상 가족을 끌어들일 수 없어서 이혼을 결심했고,

실종이나 다름없는 상태가 되어 홀로 공장에서 숙식하는 노동자가 되었다. 그때껏 사장님이라 불리던 그가 벨트컨베이어에 쫓기는 일개 노동자로 전락하고 느꼈을 굴욕감은 상상이 되고도 남는다. 50세가 넘어 경험한 3교대 근무의 불규칙한 생활 역시 그의 정신을 갉아먹었다. 그는 우울증에 걸렸고 출근이 어려운 지경에 이르고 말았다.

휴직과 복직을 거듭하다 결국 일자리를 잃었고, 그와 동시에 머물 방도 없어졌다. 그는 공장이 있던 지역을 벗어나 정처 없이 떠돌다 오래전 사장 시절에 사원들과 함께 여행을 왔던 오다와라시에 다다랐다. 그는 보증인이 없어도 입주할 수 있는 낡은 아파트에 자리를 잡았다. 머지않아 저금이 바닥났고 생활보호가 필요한 현실을 받아들일 수밖에 없었다.

솔직히 고백하면, 나는 그가 아무래도 껄끄러웠다. 그의 기분은 항상 나빴고, 전혀 개선되지 않는 불면과 초조감, 의욕 감퇴 등의 증상에 안절부절못했다. 게다가 정치가의 비리, 흉악한 범죄, 연예인의 스캔들 등 세상에서 일어나는 온갖 일에 분노했다. 그의 이야기를 듣다 보면 마치 내가 공격당하는 것 같아서 숨이 막혔다.

그뿐이 아니었다. 그의 진료에는 늘 긴 시간이 걸렸다. 끝없는 불평불만을 가로막고 진료를 마치려 하면 그는 도리어 화내며 내게 말싸움을 걸었다. 아침에 예약 명단에서 그의 이름을 발견하면 그것만으로도 가슴이 갑갑해졌다.

돌이켜보면, 그의 기분이 항상 나빴던 것도 당연했다. 당시 나는 20대에 불과했다. 인생 경험이 풍부한 그의 입장에서는 애송이 의사한테 기대야 한다는 사실 자체가 굴욕적이었을 것이다. 그걸 알았기 때문에 나도 그의 담당 의사라는 사실을 죄송스레 여기며 그의 불편한 심기에 압도된 채 폭탄을 만지듯 진료했다.

그러던 어느 날, 나는 갑자기 그의 부고를 들었다. 그를 진찰하고 이틀 뒤, 경찰이 전화로 그 사실을 알려주었다. 경찰관에 따르면 그의 소지품 중에 병원의 진찰권이 있었다고 한다.

그의 치료를 시작하고 정확히 반년이 지난 때였다.

확실히 당시 그가 처한 상황은 곤란하기 그지없었다. 사업에 실패했고, 일가족은 뿔뿔이 흩어졌고, 아는 사람 한 명 없는 곳에 흘러들어 고독한 생활을 하고 있었다. 당장 죽고 싶어도 이상하지 않았다.

하지만 진료실에서 그가 내뿜은 분노와 원한의 에너지에서는 '나는 이대로 끝나지 않아.'라는, 재에 파묻힌 불꽃에서 피어오르는 연기 같은 부활의 의욕이 느껴지기도 했다. 그래서 죽고 싶다고 생각해도 실제로 죽지는 않을 것이라고, 적어도 지금은 아닐 것이라고, 나는 낙관하고 있었다.

솔직히 말해 그의 자살이 충격적이었던 이유는 청천벽력처럼 갑자기 일어나서가 아니었다. 그가 죽은 방식 때문이었다.

그는 몸을 던져 자살했다. 하필이면 오다와라성城의 가장 높은 건물에서 뛰어내려서.

아르튀르 랭보의 시에 "오, 계절이여, 오, 성들이여! 상처 없는 영혼이 어디 있으랴?"라는 유명한 구절이 있다. 고등학생 시절 그 시를 처음 읽었을 때, 내 뇌리에 떠오른 '성'은 유럽의 중세 고성이 아니라 오다와라성이었다.

여러 의미로 오다와라성은 내 10대를 상징하는 건축물이다. 무엇보다 본가의 베란다에서 오다와라성의 가장 높은 건물이 보였다. 나는 매일 오다와라성을 바라보며 성장한 셈이다.

그저 바라보기만 한 것이 아니라 그곳은 내 놀이터이기도 했다. 지금도 초등학교 5, 6학년 때의 일이 생생히 기억난다. 거의 매주 일요일마다 나는 종일 오다와라성의 가장 높은 건물에서 혼자 놀았다. 그 건물은 오래전의 갑옷, 투구, 칼, 두루마리, 문서 등을 전시하는 박물관이 되어서 역사광인 소년에게 군침 도는 공간이었다.

나는 항상 시간도 잊어버리고 전시물을 뚫어져라 바라보았다.

일개 떠돌이 무사에서 영주가 된 대기만성형 무장 호조 소운,

그 뒤를 이어 영토를 확장한 2대 영주 호조 우지쓰나, 3대 영주 호조 우지야스, 그리고 도요토미 히데요시의 공격에 맞서 오다와라성에서 농성한 4대 영주 호조 우지마사, 5대 영주 호조 우지나오…. 어슴푸레한 공간에서 내 상상은 날개를 달고 마치 바다 위의 갈매기 떼처럼 머릿속을 종횡무진 날아다녔다.

순서대로 전시물을 관람하며 위로 올라가면 맨 꼭대기 층에 다다랐다. 그곳의 테라스에서는 오다와라 시내가 한눈에 내려다보였다. 4, 500년 전의 전국시대에 흠뻑 빠진 머리로 테라스에 서서 거리를 내려다보면 내가 영주가 된 듯한 호방한 기분이 들었다. 시야의 오른편에는 바다가 저녁놀을 받아 붉게 빛나고 있었고, 그 풍경이 다시 내 상상을 자극했다. 앞바다를 빼곡히 채운 수많은 군선이 성을 포위한 광경과 성 위에서 군선들을 노려보는 우지마사·우지나오 부자의 비통한 표정….

테라스에는 망원경이 있었는데, 50엔 동전을 넣으면 3분 동안 오다와라 거리를 자세히 들여다볼 수 있었다. 망원경 너머에는 평소에 가족들과 쇼핑을 가는 커다란 백화점 건물이 우뚝 서 있었고, 그 뒤로 내가 다니는 초등학교가 보였다. 망원경의 각도를 조금 바꾸면 우리 집이 눈에 들어왔는데, 베란다에서 어머니가 빨래를 걸고…. 나는 항상 그쯤에서 정신을 차리고 전국시대의 상상에서 현실로 돌아왔다.

사춘기에 접어들자 호조 가문에 대한 관심은 귀신처럼 사라졌고, 더 이상 역사에도 열광하지 않게 되었다. 하지만 오다와라성은 여전히 내게 특별한 장소였다. 일단 내가 다니던 공립고등학교부터 예전에 오다와라성이 있었던 야트막한 산의 정상에 세워져 있었고, 교실 창문으로 현재의 오다와라성을 아주 가까이 내려다볼 수 있었다. 등교 자체가 '등성登城' 같았던 것이다.

오다와라성의 성벽 바로 바깥에는 고등학생 시절 수업을 빼먹고 자주 가던 시립도서관이 있었다. 오늘날의 관점으로는 믿기 어렵겠지만, 1980년대 중반에는 그 도서관의 라운지에서 담배를 피우며 실컷 독서를 즐길 수 있었다. 설령 내가 교복을 입고 담배 연기를 내뿜어도 나무라는 사람이 한 명도 없었다.

내 진정한 모교는 시립도서관이었다고 해도 지나치지 않다. 우등생으로 지냈던 중학교 때와 달리 고등학교에서 나는 거의 수업을 듣지 않았고 진급과 졸업에 필요한 최소 일수만 등교했다. 나도 잘 설명할 수 없는데, 그때는 교실이라는 장소가 갑갑해서 참을 수 없었다.

그렇지만 도서관에서는 몇 시간이라도 있을 수 있었다. 나는 분야를 막론하고 온갖 책들을 책장에서 꺼내어 담배 연기를 내뿜으며 속독했다. 특히 전기를 좋아했다. 세상에 이름을 남긴 사람들의 '울적한 소년 시절 에피소드'—이를테면, 학교를 맨날 땡땡이치고 학업이 부진했다—를 찾아내면 남몰래 마음속으로 쾌재를 불렀다. 당시 나는 '지금이 틀려먹었어도 남은 인생까지 그렇지는 않다'는 사실을 확인하고 싶어서 전기라는 '삶의 데이터베이스'를 뒤적거렸던 것 같다.

아무튼 그처럼 애착이 깊은 오다와라성에서 내 환자가 자살한 것이었다. 그건 내게 마음의 밑이 빠지는 듯한 경험이었다. 그 환자는 나를 상처 입히기 위해 일부러 오다와라성을 죽을 장소로 고른 것이 아닐까. 이런 의심까지 들었다.

자살 예방 연구 부문에는 약물 의존 연구와 병행한 기간까지 포함하여 총 10년 동안 소속되어 있었다. 그 기간 동안 가장 힘쓴 연구는 심리학적 부검이라는 방법을 이용한 자살 실태 조사였다. 심리학적 부검이란 자살 유가족 등을 정보원 삼아 고인의 인생 전체와 눈을 감기 직전의 상태에 대해 상세히 청취하는 조사 방법이다.

심리학적 부검은 전기 작가나 역사가의 일과 비슷하다. 유가족이 제공하는 고인의 정보는 구두 진술을 비롯해 유서, 학창 시절의 성적표와 작문에, 나아가 일기, 블로그, SNS, 자살 직전까지 가족과 주고받은 메일, 메시지 등도 있다. 나는 그런 정보에 기초해—역사광이었던 소년 시절을 떠올리며—되돌아갈 수 없는 과거에 고인의 정신 상태가 어땠을지 추측하여 '그 사람은 어째서 자살했는지' 이유를 탐색했다.

심리학적 부검은 법정신의학 연구를 하던 시절에 수없이 했던 정신감정과 비슷한 구석이 있었다. 정신감정 역시 여러 정보를 최대한 활용하여 '범행 당시'라는 재현 불가능한 과거에 대상자의 정신 상태가 어땠을지 추측하는 작업이기 때문이다. 하지만 결정적으로 다른 점도 있었다. 심리학적 부검은 조사 대상자가 이미 눈을 감았기 때문에 행위의 의도를 당사자에게 직접 질문할 수 없었다.

심리학적 부검은 조사를 받는 사람과 조사하는 사람, 양쪽 모두에 큰 부담을 주었다. 바로 얼마 전 소중한 사람을 잃은 유가족에게는 고인의 이야기를 하는 것 자체가 겨우 아물던 딱지를 다시 떼어내는 경험이었을 것이다. 조사하는 쪽은 그런 유가족의 심정을 배려하는 동시에 필요한 정보를 제대로 끌어내야 한다는 실로 무거운 압박감을 느낄 수밖에 없었다.

한 차례 면접조사에 평균 네다섯 시간이 걸렸다. 유가족은 그토록 오랜 시간 고인에 대해 이야기하며 무척 지쳤고, 나도 정신적 소모가 심했다. 대부분의 경우 나는 임상심리나 사회복지를 전문으로 하는 보조원과 함께 유가족을 방문했다. 혼자서는 정신적으로 버틸 수 없었기 때문이다. 그렇게 해도 유가족의 집에 들어가 긴장한 채 오랫동안 있는 것은 힘든 경험이었다.

유가족의 집에 방문하면 우리는 애도의 말부터 전했고, 불단이 있는 경우에는 향을 피워 올렸다. 고인이 썼던 방을 둘러볼 때도 있었다. 책상 위에 놓인 책이나 필기구의 위치를 일부러 생전 모습 그대로 보존하는 경우도 있었는데, 그 모습은 기묘하게 생생했다. 그 뒤에 어린 시절부터 죽기 직전까지 고인의 사진이 담긴 앨범을 보면서 유가족이 들려주는 고인의 이야기에 귀를 기울였다. 그러다 보면 눈앞에 고인의 모습이 떠오르는 것만 같았다.

그렇게 상상력을 발휘하며 유가족의 이야기를 경청하고 죽기 직전에 남긴 SNS 기록과 유서까지 보면, 무슨 영문인지 마치 내 친구의 자살 소식을 접한 듯한 충격이 느껴졌다.

내가 직접 참여한 심리학적 부검의 면접조사는 100건이 조금 안 된다. 그래도 모두 합하면 면접에 꽤 긴 시간을 들인 셈인데, 단언할 수 있는 것이 딱 하나 있다. 그토록 긴 시간을 할애해 자살과 마주했지만 '사람은 왜 자살하는가.'라는 질문에 대해 납득할 수 있는 답을 이끌어낸 적은 한 번도 없었다는 것이다.

대부분 사례에서 자살하기 직전 고인의 상태가 무언가 정신장애에 해당했다는 것은 명백한 사실이었다. 하지만 그런 정신장애가 있는 사람 중 많은 이들이 자살하지 않는 것 역시 사실이다. 그렇다면 대체 무엇이 양자를 나누었는지, 그걸 알 수 없었다. 빚, 생활고, 돌봄 부담, 학대, 학교 폭력 등에 시달린 자살자도 적지 않은데, 그런 사회적 문제를 겪으면서도 자살하지 않은 사람들과 대체 무엇이 다르냐는 질문을 받으면 답은 궁색할 뿐이었다.

그렇지만 분명히 중요한 걸 배우기도 했다. 특히 자살이라는 현상을 생각할 때 절대로 무시할 수 없는 중요한 것을 두 가지 배웠다고 지금도 확신하고 있다.

한 가지는 당사자가 정말로 강하게 자살을 마음먹으면 어떤 치료와 지원을 해도 한계가 있다는 것이다.

이를테면 자살을 시도한 한 여성을 가족이 발견해서 목숨을 건졌다. 여성은 우울증 진단을 받고 자살 위험성이 있다는 이유로 정신과 병원에 조치입원* 판정을 받았다. 그는 보호실에 격리되었고, 항우울제를 중심으로 약물 요법이 이뤄졌다.

그러자 불과 일주일 만에 정신 상태가 간단히 개선되었다. 그는 밝게 웃으며 담당 의사에게 "선생님, 저 이제 괜찮아요. 지금 생각해보면 그때 왜 자살하려고 했는지 모르겠어요. 그때 제가

---

* 환자가 자해와 자살을 하거나 타인을 해칠 위험이 있다고 판단될 때, 지방자치단체장의 권한으로 정신과 병원에 입원시키는 것이다. 한국에서는 행정입원이라고 한다.

좀 이상했나 봐요." 같은 이야기를 했다.

담당 의사는 아무래도 강제적인 입원 치료를 계속할 수는 없다고 판단했다. 그래서 환자와 외래 통원 치료를 약속한 다음 조기에 퇴원을 시켰다. 하지만 환자는 퇴원 직후 목을 매달아서 자살했다. 즉, 자살을 바라는 사람은 한시라도 빨리 죽기 위해서 주위에 자살 의도를 숨기고 가짜로 밝은 척 연기하기도 하는 것이다.

그렇지만 그런 사람도 마지막 순간까지 망설이는 법이다. 이것이 또 다른 중요한 배움이다.

혼자서 생활하던 초로의 남성은 자살 당일 오전 내내 유서를 정리했다. 그러고는 오후에 장을 보러 근처의 슈퍼마켓에 갔다. 자살한 것은 오후 7시였다. 유품인 지갑에 들어 있던 영수증에는 놀랍게도 보디 샴푸와 비타민 영양제를 구입한 것으로 적혀 있었다. 모두 오늘 죽겠다고 마음먹은 사람에게는 필요 없는 것들이었다.

퇴행성 뇌질환에 걸린 한 중년 남성은 자기 방에서 목매달아 스스로 목숨을 끊었는데, 자살 직전까지 컴퓨터로 인터넷을 한 모양이었다. 그의 아내가 방문 기록을 살펴보고 남편이 두 웹사이트를 교대로 봤다고 했다. 하나는 그가 걸려 있던 뇌질환 환자 모임이었고, 다른 하나는 자살 수단과 방법에 관한 정보를 모아놓은, 이른바 '자살 사이트'였다.

나는 이 두 가지 사례가 자살을 강하게 원하는 사람도 실행하기 바로 직전까지 망설인다는 증거라고 생각할 수밖에 없었다.

자살 예방과 관련한 일을 하다가 또 하나 귀중한 경험을 했다. 거대한 교량을 관리하는 회사에서 투신자살 방지 대책을 세우는 데 협력해달라고 요청한 적이 있다. 그 교량은 바다와 접해 있었는데, 수면에서 높이가 대략 100미터라 뛰어내리면 거의 즉사하는 장소였다. 관리회사에 따르면 지금까지 투신자살을 한 사람이 연간 1~3명 정도였는데, 최근 들어 현저하게 늘어나 연간 20명을 넘어섰다고 했다.

나는 흔쾌히 요청을 받아들였다. 국제적으로도 미국 샌프란시스코의 금문교를 비롯해 거대 교량에서 일어나는 투신자살이 심각한 문제로 대두되고 있었다. 게다가 자살 빈발 시설인 교량의 대부분은 관광 명소이기도 해서 대책 방식을 두고 수많은 논의가 이뤄졌다. 자살 예방과 관련한 일을 하는 이상 피할 수 없는 문제였고, 내게도 좋은 공부가 되리라고 생각했다.

나는 곧장 거대 교량에서 일어나는 자살 대책에 관한 해외 논문을 섭렵하고 어떤 대책이 효과적이었는지 조사했다. 예상한 대로 가장 효과적인 대책은 물리적인 장벽을 세우는 것이었다. 장벽 높이가 2미터 이상일 때 효과가 뛰어나다고 했다.

조사 결과를 관리회사에 전달했지만 그들의 반응은 떨떠름했다. 두 가지가 걱정되었기 때문이다. 하나는 그 교량이 관광 명소라서 높이가 2미터나 되는 벽—가령 가시철사를 두른—을 세우면 경관이 심각하게 훼손된다는 것이었다. 또 다른 걱정은 눈에 확 띄는 장벽을 설치하면 오히려 그곳에서 자살이 빈발한다고 널리 알리는 꼴이 되어 더더욱 '자살 명소'가 되지 않을까 하는 것이었다. 모두 지당한 걱정이었다.

그 뒤 나는 관리회사와 몇 차례 의견을 교환했지만, 회사의 어정쩡한 태도에 밀려 결국 난간에 겨우 50센티미터 높이의 가시철사 장벽을 증설하는 약소한 대책에 합의했다. 솔직히 나는 '그렇게 낮은 벽으로는 안 돼.'라고 확신했다. 하지만 논의 도중 고집을 꺾고 '일단 1년 동안 해보고 50센티미터로 안 된다는 걸 인식하게 한 다음 대책을 재검토하면 돼.'라고 생각을 바꿨다.

장벽의 높이를 양보한 대신 교량의 난간 근처에 '생명의전화' 같은 상담기관의 전화번호를 적은 간판을 설치하자고 주장했다. 하지만 이 역시 관리회사에서 받아들이지 않았다. 이유는 "일단 장벽 증설만 하고 싶다. 간판은 장벽만으로 효과가 없다는 걸 확인한 다음에 쓸 수단으로 남겨두고 싶다."라고 했다. 효과 검증은 분명히 중요하긴 했다. 이번에도 나는 생각을 바꾸고 그들과 합의했다.

장벽을 증설하고 1년 후, 자살 방지 효과를 확인했다. 높이 50센티미터의 가시철사 장벽은 예상과 달리 즉각적인 효과를 보였다. 연간 20명에 달했던 투신자살자의 수가 장벽을 증설한 이듬해에는 0명이 된 것이다. 그 뒤에 다시금 확인해보았는데, 장벽 증설 이후 지금까지 계속 투신자살자는 연간 한두 명 정도로, 급증하기 전과 같은 상태를 유지하고 있다.

'어? 겨우 50센티미터로…?'

정말 보잘것없는 장벽도 자살을 고려하는 사람의 행동에 제동을 걸 수 있다는 건가? 진짜로? 이것이 내 거짓 없는 속내였다.

물론 '거기서 뛰어내리는 걸 막아도 죽고 싶은 사람은 다른 장소에서 뛰어내리면 그만이야.'라고 심술궂게 비판할 수도 있다. 하지만 그런 비판에 반박할 수 있는 근거도 존재한다. 이를테면 금문교에서 자살을 하려다 경찰관에게 발견되어 강제로 집에 돌아간 사람들을 5~7년 후에 조사해보니 그중 약 90퍼센트가 생존해 있었다고 한다.

그러니 고작 50센티미터이지만, 무척 중대한 의미가 있다고 인정할 수밖에 없다.

교량의 자살 방지 대책을 세우면서도 중요한 것을 배웠다. 이번에도 두 가지다.

한 가지는 관리회사에서 투신하는 사람들의 영상—그 다리에는 수많은 카메라가 설치되어 있어서 투신자살자의 일거수일투족이 영상으로 남아 있었다—을 시청하다가 깨달았다.

우연이겠지만, 내가 시청한 영상에 나온 사람들은 모두 나와 비슷한 중년 남성이었다. 모든 남자들이 정장의 재킷을 벗고 넥타이를 풀고 와이셔츠와 슬랙스만 입은 차림으로 정말 긴 시간 동안 다리의 난간 부근을 어슬렁어슬렁 배회했다. 그들은 망설이는 것 같았다. 그러다 결국에는 마음을 굳히고 뛰어내렸는데, 모든 남자들이 뛰어내리는 마지막 순간까지 어떤 물건을 손에 쥐고 몇 번씩 들여다보았다. 휴대전화였다.

즉, 그들은 최후의 순간까지 사람과 연결되는 도구를 신경 썼던 것이다. 혹시 그 순간 누군가 메시지를 보냈거나 전화를 걸었다면… 물론 결과는 알 수 없지만, 그들이 마지막까지 망설였던 것은 분명하다.

또 다른 배움은 거대 교량에서 자살한 사람들이 어떤 시간대에 교량의 어느 부분에서 뛰어내렸는지, 투신자살에 무언가 특정한 경향이 있는지 조사하다가 깨달은 것이다. 조사 결과, 거의 전원이 오후 10시에서 오전 3시 사이, 교량에서 바다와 인접한 부분이 아니라 그 맞은편 육지와 맞닿은 부분의 중앙 근처를 선택했다. 그 말인즉슨, 그 다리에서 뛰어내린 사람들 대부분은 시커먼 중유를 끼얹은 듯한 밤중의 바다가 아니라 아름다운 도시의 야경―인간이 만들어낸 불빛들―을 바라보며 몸을 내던졌다는 것이다.

이 사실을 처음 안 순간, 내 뇌리에 반사적으로 오다와라성에서 뛰어내린 그 환자가 떠올랐다. 그리고 그가 뛰어내리기 직전에 오다와라성의 테라스에서 한눈에 내려다보았을 시가지의 불빛, 그리고 석양을 반사해 꼭두서닛빛으로 빛났을 바다의 광경을 상상했다. 그때 그의 심정을 생각해보았다.

그 순간, 그는 대체 무엇을 생각했을까.

나는 아직도 그 환자의 마지막 진료를 잊을 수 없다. 그 기억은 20여 년을 뛰어넘어 지금도 기분 나쁠 만큼 선명하다.

그날 진료실에 들어온 그의 모습은 평소와 전혀 달랐다. 그는 벌레라도 씹은 듯한 여느 때의 표정이 아니라 오히려 어딘가 속 시원해 보이는, 그야말로 '무언가를 떨쳐버렸다'는 듯한 산뜻한 표정을 하고 있었다. 늘 보였던 불편한 심기는 자취를 감추었고, 내 바쁜 업무와 피로를 신경 쓰며 위로해주기까지 했다.

무엇보다 이야기하는 내용이 전혀 달랐다. 학창 시절의 일과 벌써 몇 년이나 만나지 못한 아내와 자식의 일 등을 즐거운 추억을 그리워하듯 눈을 가늘게 뜨고 말했던 것이다.

'뭔가 이상하다.' 나는 그렇게 생각했다.

왜냐하면 그의 고난은 조금도 호전되지 않았기 때문이다. 변함없이 밤에 잠들지 못했고, 새로운 일을 찾을 기력도 솟아나지 않았다. 여전히 에어컨조차 없는 낡은 아파트에서 생활보호 수급 대상자로 살고 있었고, 친구도 지인도 없는 고독한 날들을 보내고 있었다. 그가 저주하는 세계는 무엇 하나 바뀌지 않은 것이다. 그런데 이 시원한 태도는 대체 무엇일까? 나는 그렇게 의심했다.

나는 어리둥절했는데, 틀림없이 한순간 뇌리에 '설마 자살을?'이라는 의문이 스치기도 했다. 그랬던 게 기억난다. 그리고 자살 의도에 관해 질문할지 말지 망설였던 것도 기억하고 있다. 하지만 나는 바로 머릿속에서 의문을 지우고 질문을 그만두었다.

'설마.'라고 생각했던 것이다. 게다가 즐겁게 이야기하는 그를 막고 자살에 관해 묻는 것은 아무리 그래도 너무 뜬금없었다. 모처럼 즐겁게 추억을 이야기하는데 굳이 말을 끊고 갑자기 자살에 관해 질문한다니, 너무 무례한 일이다. 오늘은 일단 상태를 지켜보고 다음에도 같은 인상을 받으면 그때 제대로 물어보자. 나는 그렇게 생각했다.

그렇지만 그건 사실 변명에 불과하다. 내심 나는 오늘만큼은 깔끔하게 외래 진료를 마치고 싶다고 생각했던 게 틀림없다. 이

번만은 무겁고 힘든 이야기 없이 좋은 뒷맛만 남기고 진료를 끝내자, 나도 좀 편하고 싶어…. 당시 내 마음은 그랬을 것이다.

결국 그날은 질문하지 않은 채 진료를 마쳤다. 다음 진료 예약에 관해서는 "요즘 일이 바빠서 일정이 어떨지 모르겠어요."라는 그의 말을 믿고 전화를 주는 것을 기다리기로 했다.

만약 마지막 진료에서 무례를 무릅쓰고 내가 '좀 신경 쓰여서 묻습니다만, 혹시 자살을 생각하고 계시지 않나요?'라고 질문했다면 그는 어떻게 반응했을까?

아마 곧장 '네, 생각하고 있습니다.'라고 답하지는 않고, 일단 침묵했을 것이다. 하지만 내가 침묵에 굴하지 않고 한 번 더 같은 질문을 던졌다면, 그는 '실은….'이라며 무거운 입을 열었을 것만 같다.

물론 그 자리에서 자살 계획을 밝혀낸들 나는 그가 처한 역경을 해결해줄 수 없었다. 내가 아무리 그의 이야기를 경청해줘봤자 사채업자가 그의 빚을 탕감해줄 리 없었고, 놓쳐버린 회사와 가족이 돌아올 리도 없었다. 그때 내가 할 수 있는 일이란 기껏해야 그가 버티도록 위로해주고 다음 진료 예약을 하는 것뿐이었다. 나는 겨우 그 정도밖에 할 수 없었다. 그러나 내가 그날 그에게 자살에 관해 물어보았다면 적어도 다음 진료까지는 그가 살았을 것이라고 확신한다.

그 후, 나는 진료실에서 자살을 생각하는지 질문하는 것을 겁내지 않고 있다. 아니, 그보다 질문하지 않으면 돌이킬 수 없는 사태가 일어난다고 믿게 되었다는 편이 정확하겠다.

여전히 진료실에서 장황한 이야기를 늘어놓는 환자에게 조바심이 나기도 하고, 껄끄러운 느낌을 떨쳐내지 못하고 대하는 환자도 있다. 그래도 내 마음속의 묘비에 새겨진 말만큼은 명심하고 있다.

"다음 진료 예약을 하는 것 자체에 치료적 의미가 있으며, 예약의 유무야말로 산 자와 죽은 자를 가른다."

카페인 칸타타

○

대학생이 되어 혼자 살기 시작한 뒤, 커피는 내게 생활필수품이 되었다. 아침에 머그컵 두 잔 분량의 커피를 마시지 않으면 일을 나갈 마음이 들지 않고, 혹시라도 늦잠을 자서 커피를 마시지 못한 채 일을 시작하는 날이면 나는 콘택트렌즈를 깜박한 사람이 하얀 안개가 자욱한 숲을 더듬더듬 나아가듯이 불안한 마음으로 하루 종일 지낸다.

대학교 입학 전, 본가에서 살던 무렵에는 매일 홍차를 마셨다. 내 부모님은 커피를 마시는 습관이 없었기 때문이다. 아니, 별 이유 없이 커피를 싫어했다고 해도 무방하겠다. '위에 나쁘다.' 는 이유라면 모를까 '몸이 차가워진다.' '피부가 거칠어진다.' '낮빛이 까매진다.'라고 정말로 믿고 있었다.

어디까지나 추측이지만, 부모님은 어딘가에서 커피 애호가에 관한 스테레오타입 같은 인상을 갖게 된 것이 아닐까 싶다. 어린 시절부터 내가 접해왔던 부모님의 단편적인 언동들을 연결해보면, 부모님께 커피란 담배 연기가 자욱한 '오래전 다방'에서 학생 운동을 하는 젊은이들이 열띤 토론을 벌이는 장면을 떠올리게 하는 음료였던 것 같다. 물론 확증은 없지만, 그렇게 생각하지 않으면 설명할 수 없을 만큼 부모님은 커피 애호가를 기피했다.

그런 점을 고려하면 열여섯 살부터 흡연을 시작하여 고등학교 내내 숨어서 담배를 피웠던 나는 일찍이 부모님의 가치관에서 완전히 일탈했던 셈이다. 그 때문에 대학교 입학과 동시에 본가에서 벗어나려 호시탐탐 계획했고, 멀리 떨어진 규슈로 진학한 것이다. 염원했던 독립생활을 시작하면서는 흡연을 당당히 하는 김에 커피도 마셔야겠다고 생각했다.

당시 내 나름대로는 꽤나 커피에 몰두했다. 로스팅까지 직접 하지는 않았지만, 내 손으로 원두를 갈고 사이펀siphon°을 이용해

• 커피를 추출하는 기구로 물을 담는 플라스크 위에 원두 가루를 담는 깔때기 모양의 유리관을 붙인 것이다. 플라스크의 물을 가열하면 유리관으로 물이 빨려 올라가서 원두 가루를 적시고 커피를 추출한다.

커피를 추출하는 정도는 했다.

대학생 시절 가장 좋아했던 커피 마시는 법은 고요한 심야에 어두운 방에서 사이펀으로 정성스레 추출한 커피를 홀로 마시는 것이었다. 당시 나는 술자리보다 방에서 혼자 커피를 마시는 시간을 좋아했다. 알코올에 무척 약해서 취기가 올라 기분이 좋아지기 전에 졸음부터 밀려드는 것이 첫 번째 이유였지만, 그게 전부는 아니었다.

동기끼리 하는 술자리에서는 반드시 강의와 시험이 화제에 올랐는데, 수업에 거의 출석하지 않았던 나는 그런 대화를 들으면 공연히 초조함을 느끼고 한층 더 깊은 고독 속으로 빠져들었기 때문이다.

지금도 기억나는 것은 간접조명의 어두운 오렌지색 빛을 반사하는 사이펀의 둥근 유리, 그리고 그 내부에서 끓어오르는 커피가 마치 검은 촉수처럼 춤추는 광경이다. 그 광경을 바라보면 신기하게도 기분이 고양된다. 나에게 신성한 시간이었다.

갓 추출한 커피를 홀짝거리면서 새벽까지 의학과 상관없는 책을 읽었다. 그러면 의식이 집중되어 책의 세계로 몰입할 수 있었다. 알코올은 자아의 경계선을 흐릿하게 하여 타인과 거리를 좁히는 작용을 하는데, 반대로 카페인은 자아의 경계선을 더욱 굵고 명확하게 하여 내면에 의식을 집중하게 해주는 것 같았다. 그러다 주위가 밝아지면 나는 침대의 이불 속으로 들어갔다.

의학부에 입학하고 4년 동안, 나는 계속 그런 생활을 했다.

'커피는 인간을 창조적으로 만든다. 근대 유럽의 문화유산 대부분은 커피, 더 엄밀히 말하면 커피에 함유된 카페인의 은총을 입은 것이다.' 이것이 당시 내 신념으로, 누군가 물어보면 그 사례를 얼마든 열거할 수 있었다. 이를테면, 베토벤은 매일 작곡을 시작하기 전에 정확히 원두 60알 분량의 커피를 마셨다. 발자크는 위경련에 몸부림치면서도 매일 커피를 50잔이나 벌컥벌컥 마시면서 맹렬하게 소설을 집필했다. 그리고 풍자로 유명한 작가 조나단 스위프트는 "커피는 우리를 무정하고 엄숙하게, 그리고 철학적으로 만든다."라고 했으며, 심지어 천재 수학자 에르되시 팔은 "수학자란 커피를 수학 정리로 변환하는 장치다."라는 다소 자학적인 말까지 뱉은 바 있다.

내 경우에는 시종일관 독서라는 수동적인 활동에만 매진했고 창조성과는 동떨어진 날들을 보내긴 했다. 뭐, 그랬지만 시간을 낭비했다고는 생각하지 않는다. 왜냐하면 의학부 시절 배운 것 중에서 현재 일을 하며 도움이 되는 것은 4년 동안 카페인의 약리 작용으로 중추신경계를 불태우면서 읽거나 생각했던 것들뿐이기 때문이다.

정신과 의사가 되고 5년 차가 되던 해, 의존증 임상을 시작하고 얼마 지나지 않았을 무렵의 일이다. 각성제 의존증 환자인 한 남성이 내게 다음처럼 힐문했다.

"선생님, 왜 각성제를 쓰면 안 될까요? 각성제가 그렇게 나쁜 약물일까요? 세계대전이 일어나기 전 '필로폰'의 시대에는 천식이나 우울증 치료에도 쓰인 엄연한 의약품 아닙니까. 알코올이 훨씬 위험하잖아요."

오해를 무릅쓰고 말하면, 그는 '성실한' 각성제 의존증 환자였다. 그는 좋은 노동자였고, 좋은 가장이었다. 병약한 아내와 세 아이를 부양하기 위해서 건설업과 음식점이라는 두 가지 일을 병행하며 집안일도 전부 도맡고 있었다. 그는 새벽 2시가 넘어 귀가하고 아침 5시 전에 기상하여 빨래와 도시락 싸기 등을 하고 가족 모두의 아침밥을 챙긴 다음 아이들을 학교로 배웅했다. 그 뒤 낮에는 건설 현장에서 일하고, 오후 6시가 되면 식당의 카운터에 섰다.

그에게 각성제란 평범한 사람은 도저히 해낼 수 없는 과한 노동을 가능하게 해주는 강장제였지, 결코 쾌락과 퇴폐를 위한 사치품이 아니었다.

그렇지만 그처럼 터무니없는 생활이 오래갈 리 없다. 어쨌든 각성제로 하는 의욕 증진이란 미래의 활기를 가불하는 것에 불과하고, 약물의 약리 효과가 끊긴 다음에는 강렬한 졸음과 허탈 상태에 빠져 꼼짝도 못 하는 높은 이자의 상환이 기다리고 있다. 게다가 약효에 익숙해질수록 약물 사용량은 점점 늘어나고, 허탈 상태에서 회복하는 데 필요한 시간은 점점 길어진다. 얄궂게도 어느새 그는 약물의 힘을 빌려 노력한 시간보다 허탈 상태에 빠져 꼼짝도 못 하는 시간이 훨씬 길어져 있었다. 그 결과 지각과 무단결근이 늘어나는 지경에 이르렀다.

'이러면 안 돼. 언젠가는 약을 끊어야지.'

막연히 생각했지만, 눈앞에 해야 할 일이 산더미였다. 지금 내게는 아직 좀더 각성제가 필요해. 결국 그는 '조금만 더, 조금만 더.'라고 스스로를 설득하며 각성제에서 손 떼는 것을 질질 미뤘다.

그리고 어느 날, 그는 운명의 아침을 맞이했다. 이른 아침, 소란스럽게 초인종이 울려서 현관문을 열자 느닷없이 대여섯 명의 마약단속반 경관들이 들이닥쳤다. 가택 수색이었다. 경관들은 아직 침대 속에 있던 그를 들깨워서 가장 농후한 '아침 첫 소변'을 채취하고 그 자리에서 각성제 반응을 확인하여 그에게 수갑을 채웠다. 경관들의 능숙하기 그지없는 솜씨에 그저 어리병병한 아내와 아이들을 곁눈으로 보면서 그는 집 앞에 주차된 검은색 승합차에 떠밀려 탔고 어딘가로 연행되었다.

그 뒤, 그는 경찰서에 두 달 동안 유치되어 재판을 받았다. 초범이었기에 집행유예 선고를 받고 집에 돌아갔지만, 집에는 아내도 아이들도 없었다. 텅 비어 휑한 거실의 테이블 위에는 아내의 도장만 찍힌 이혼 신청 서류가 한 장 놓여 있을 뿐이었다.

사실 그 같은 부류의 의존증 환자는 결코 드물지 않다. 각성제 의존증 환자 중에는 워커홀릭이라고 해도 될 정도로 근면한 사람들이 의외로 많다. 그런 사람들이 각성제를 쓰는 이유는 주말 밤에 '쾌락을 맛보기 위해서'가 아니라 평일 낮에 '루틴을 소화하기 위해서'다. 물론 직장 상사와 동료는 각성제를 쓰는지 알 도리가 없기에 그저 그가 맹렬히 일하는 모습만 높이 평가하는데, 그로 인해 각성제 사용은 더욱 촉진되고 만다.

나는 그 환자의 각성제 사용을 긍정할 셈은 아니다. 하지만 그가 어떤 마음이었을지는 쉽게 상상할 수 있다. 사람이란 무릇 자신이 생산적인 존재로 있길 바라는 동물이다. 그 환자가 사용한 각성제를 우리가 힘을 쥐어짜서 일을 해야 하는 순간에 목구멍으로 흘려 넣는 커피나 에너지 드링크로 바꿔서 생각해보길 바란다. 대체 얼마나 많은 사람들이 '나는 그 사람과 절대로 달라.'라고 단언할 수 있을까. 나는 자신 없다. 아니, 심지어 내 일처럼 여겨지기까지 한다.

의학부 5학년이 되어 임상 실습이 시작된 후의 일이다. 그때 내가 커피를 즐기던 방식은 뚜렷하게 변화했다. 지나치게 많은 학점을 이수하지 않은 내 앞에는 '지금부터 죽을 각오로 학점을 따서 졸업하든지' 아니면 '의사가 되길 포기하고 학교를 그만두 든지' 하는 양자택일밖에 없는 것 같았다. 유급이나 졸업 연기 같은 선택지도 있었지만, 그렇게까지 의사가 되는 데 집착할 생 각은 없었다. 일단 학교를 너무 가지 않은 탓에 불과 100명인 동 기 중에서 한 번도 말을 섞어보지 않거나 얼굴과 이름을 맞출 수 없는 녀석이 꽤 많은 상황이었다. 거기에 유급이나 졸업 연기 까지 했다가는 아는 사람이 아무도 없는 후배들과 함께 실습을 해야 했는데, 그것만은 절대로 피하고 싶었다. 상상하기만 해도 미칠 것 같았다.

그때부터 졸업까지 2년 동안, 나는 죽기 살기로 공부했다. 게 으른 낙제 의대생에서 180도 달라져 근면한 의대생으로 다시 태어났고, 임상 실습이 비는 시간을 쥐어짜 조직학과 생화학 같 은 기초 의학의 학점을 따기 위해 후배들 사이에 섞여 마구잡이 로 재수강을 했다.

그 무렵부터 내게 커피는 심야에 즐기는 신성한 음료가 아니 라 '각성제'로 변화했다. 종일 수술실에서 서 있어야 하는 외과 실습을 마치고 녹초가 된 몸으로 집에 돌아가면 재수강 과목의 공부가 기다리고 있었다. 그런 생활을 하며 잠시 틈이 날 때마다 반드시 진한 커피를 위장으로 흘려 넣었다. 더 이상 원두를 갈고 사이펀으로 정성스레 커피를 추출할 정신적 여유가 없었다. 보온 기능이 있는 싸구려 커피 메이커로 대량의 커피를 만들어두고, 너무 가열해서 시큼한 맛이 나는 커피를 '약물' 삼아 마셨다.

마지막 학년이 되자 국가시험과 졸업시험, 거기에 졸업 후에 수련의로 일할 병원 시험까지 치러야 했다. 격일로 시험을 치러야 하는 시기가 넉 달 정도 이어지기도 했다. 커피를 너무 마셔서 만성적인 구역질이 났지만, 그럼에도 그 검은 액체를 목구멍 안쪽으로 삼켰다.

하지만 난처하게도 카페인이라는 약물은 금방 내성이 생긴다. 나도 매일 끊임없이 커피를 마시다 보니 효과가 전혀 느껴지지 않았다. 한번은 커피를 마신 직후에 잠들어서 눈을 떴을 때는 시험 시작 15분 전…이라는 비극과 맞닥뜨리기도 했다. 효과를 유지하려면 카페인 양을 늘리는 수밖에 없는데, 커피를 그보다 많이 마실 수는 없었다. 어떻게 해야 할까.

번민하던 나는 새로운 '수단'을 발견했다. 바로 '에스타론모카'라는 시판 카페인 알약이었다. 그 약이라면 한 알로 커피 두 잔만큼 카페인을 섭취할 수 있다. 나는 바로 약국에서 알약을 구입했다. 처음에는 효과가 발군이었다. 공부하기 전 두세 알을 입안에 털어 넣기만 했는데, 기적이 일어났다. 거의 포기했던 재수강 과목의 시험도 무사히 치를 수 있었다.

그렇지만 기적은 한 번뿐이었다. 처음의 성공 경험에 매료되어 한동안 매일 복용했는데, 커피와 마찬가지로 금세 내성이 생겨서 효과가 느껴지지 않았다. 하는 수 없이 복용하는 알약을 늘렸더니, 이번에는 구역질과 구토로 공부를 도저히 할 수 없었다. 말할 것도 없이 급성 카페인 중독 상태였다.

그뿐이 아니었다. 구역질을 참고 대량의 카페인을 섭취하면 확실히 졸음은 없어졌지만, 그저 '자지 않고 있을 뿐'이고 '눈을 뜨고 있을 뿐'인 상태라 머리는 전혀 돌아가지 않았다. 결국 주의가 산만해져 사소한 실수가 늘어나버렸다.

무엇보다 불쾌했던 것은 카페인의 효과가 끊기고 찾아드는 허탈감이었다. 몸이 납덩이처럼 무거워지고 허탈감에 사로잡혀서 모든 일이 몹시 귀찮게 느껴졌다. 염세적인 기분이 시커먼 물체로 응고되어 뇌 속을 점거하고 있는, 그런 느낌이었다. 그 느낌은 카페인 알약을 복용할 때마다 악화되었고, 허탈 상태에서 회복하는 데 필요한 시간은 점점 길어졌다. 최종적으로는 카페인 효과로 공부를 순조롭게 하는 시간보다 효과가 끊겨서 무기력하게 보내는 시간이 길어졌고, 아무리 생각해도 외려 공부의 효율이 저하되었다.

그 뒤로 의존증 임상 경험을 쌓아갔지만, 그 환자의 '각성제가 그렇게 나쁜 약물인가. 알코올이 더 위험하지 않은가.' 하는 말이 계속 머릿속에서 떨어지지 않았다. 떨어지기는커녕 날이 갈수록 커다란 의문이 되었던 것 같다.

그리고 지금, 사반세기에 걸쳐 의존증 임상을 경험하고 확신하는 것이 있다. 온갖 약물 중에서 심신에 가장 심각한 피해를 끼치는 것은 틀림없이 알코올이다. 실제로 수많은 알코올 의존증 환자들이 당뇨병, 고혈압, 고지혈증 같은 생활습관병의 덩어리나 마찬가지며 간장, 췌장, 심장의 장애는 물론이고 다발성 신경염과 뇌 위축 같은 비가역적인 장애도 겪고 있다. 그들에 비해 각성제 의존증 환자는 젊어 보이고 활기가 넘친다. 실제로 장기의 장애도 뇌의 위축도 전혀 보이지 않는 경우가 많다.

이렇게 말하면 당연히 반론하는 사람도 있을 것이다. '각성제는 환각과 망상을 일으키고 폭력적인 사건을 유발한다. 그래서 위험하다.' 하지만 이런 반론을 하는 사람은 약물 사용자를 위험한 정신병자로서 좀비나 괴물처럼 묘사한 약물 남용 방지 캠페인에 그대로 속아 넘어간 것이다.

각성제 때문에 피해망상이나 추적망상 같은 증상을 보이는 환자들이 분명 있긴 있다. 하지만 대부분은 일시적인 현상이다. 다른 정신질환도 동시에 생기지 않는 이상 그런 증상이 오래 지속되는 경우는 거의 없다. 아니, 일단 그런 증상이 나타나면 도 저히 약물을 일상적으로 쓸 수 없다.

단언하건대 가장 사람을 폭력적으로 만드는 약물은 알코올이다. 폭력 범죄, 아동 학대, 가정 폭력, 데이트 폭력, 교통사고 등 수많은 사건의 배경에는 알코올의 영향이 있으며, 그 수는 각성제와 비교할 수도 없다.

세계 최고의 의학 전문지 중 하나인 『란셋*The Lancet*』에 2010년 게재된 영국 정신과 의사 데이비드 너트의 연구가 바로 그런 사실을 뒷받침한다. 그 연구에서는 다방면에서 약물 의존증 연구에 매진해온 전문가들을 초빙한 다음 알코올과 담배 등 모든 의존성 물질을 망라하여 각 물질이 개인의 건강에 미치는 피해와 사회에 끼치는 해 등을 다양한 관점에서 평가해 점수를 매겨달라고 했다. 집계 결과, 종합 점수가 가장 높은 약물은 알코올이었다. 특히 알코올은 사회에 끼치는 해가 다른 약물보다 월등하게 높았다.

알코올과 비교해 각성제 상습 사용자는 훨씬 얌전하고 조용하다. 그들이 각성제의 영향 아래에서 무엇을 하는가 하면, 대체로 좁은 방에 틀어박혀서 게임과 인터넷 서핑에 몰두하거나 자위행위에 질리지도 않고 빠져든다. 그렇게 혼자서 몇 시간씩 폭력과 전혀 관계없는 시간을 보낸다.

이렇게 바꿔 말해도 된다. 알코올이 사람과 즐거운 시간을 보내기 위한 약물이라면, 각성제는 혼자만의 세계에 틀어박혀 고독에 몰두하기 위한 약물이라고.

그런데도 왜 알코올은 괜찮고, 각성제는 안 되는가.

당시 나는 그 환자의 질문에 답할 수 없었다. 만약 의학적 설명을 포기하고 '아무튼 불법이니까 안 돼.'라고 답했다면, 내가 경찰관이나 판사도 아니고 의사로서 체면이 땅에 떨어졌을 것이다. 애초에 아파르트헤이트도 홀로코스트도 그 시대, 그 나라에서는 '합법'이었다. 합법과 불법은 선악의 절대적 기준이 아니다.

그와 마찬가지로 '불법약물 구입은 반사회적 세력에 자금을 제공하는 꼴이다.'라고 반론하는 것도 이상하다. 불법화를 했기에 반사회적 세력이 밀매하는 것이다. 사실 법제화하기 전에 '필로폰'은 의사의 처방전으로 약국에서 구입할 수 있는 약물이었다. 캐나다 정부가 대마초를 합법화한 것도 나라가 대마초의 매매를 관리함으로써 밀매 세력이 미성년자에게 대마초를 강매하지 못하게 막겠다는 목적이 있었다.

생각하면 할수록 외려 새로운 의문이 머릿속에 떠올랐다. '어째서 알코올은 허용되었을까?'

가장 위험한 약물임에도 불구하고 많은 국가들에서 알코올을 허용하는 데에는 아마 두 가지 이유가 있을 것이다. 한 가지는 기나긴 역사 동안 사회에 깊숙이 침투했기 때문이고, 다른 한 가지는 '와인은 신성한 예수의 피'라고 여기는 종교적 세계관이 오늘날 세계의 주류를 이루고 있기 때문이다.

몇 년 전, 마약단속반과 함께 회의를 한 적이 있다. 회의를 마친 뒤에는 타성적으로 친목을 위한 술자리를 가졌다.

정말이지 불편한 술자리였다. 분명히 모두 약물 문제에 대처하는 사람들이었지만, 입장 차이는 너무나도 컸다. 즉, 나는 약물 의존증을 '병'이라고 여기며 치료와 지원의 대상이라 생각했지만, 그들은 그것을 '범죄'라고 파악하여 체포·단속의 대상으로 보았다.

괜히 본심을 이야기했다가 시비가 붙을까 봐 처음에는 신중하게 표현을 고르며 무던한 이야기만 했다. 하지만 아무래도 서로 방심하여 잔을 너무 많이 기울인 듯했다. 경관 중 한 명이 혀 꼬부라진 소리로 시비를 걸어왔다.

"마쓰모토 선생님은 우리가 약물 의존증 환자들의 회복을 방해한다고 생각하겠지만요, 우리도 나름대로 필사적입니다. 우리는 말이죠. 어쨌든 '약물 없는 세계'를 만들고 싶다고요."

나도 꽤 취했던 것 같다. 무심결에 어른스럽지 못하게 시비조의 반론을 해버렸다.

"네? '약물 없는 세계'라고? 절대로 안 돼요."

내 말을 경관이 물고 늘어졌다.

"왜 안 되는데요!"

"당연히 안 되죠. 인간은 약물을 사용하는 동물이니까."

내 답에 경관은 할 말을 잃었다. 결국 말싸움은 흐지부지 결말을 맺지 못했고, 어색한 분위기 속에서 술자리도 끝났다.

그때 내가 했던 말은 결코 농담 같은 게 아니었다. 경력의 어느 시점부터 나는 꽤 진지하게 '인간은 약물을 사용하는 동물이다.'라고 믿었기 때문이다.

야생에서도 땅바닥에 떨어진 과실이 그대로 썩고 발효되어 천연 알코올이 생기고, 그런 알코올을 음료로 고주망태가 될 만큼 즐기는 동물이 있다는 것은 알고 있다. 하지만 자연에서 자생하는 온갖 식물들의 약효를 조사하고, 약초에서 유효 성분을 추출하고 정제하거나 인공적인 화학합성으로 약물을 만들어내는, 그리고 그 약물들로 병을 치료하거나 친구들과 관계를 다지거나 홀로 일상의 우울함을 달래는, 그런 동물이 인간 말고 지구상에 존재할까? 아마 없을 것이다. 인간은 약물을 이용하는 능력이 있었기 때문에 수많은 의약품을 만들어내어 여러 질병을 극복하고 수명을 연장하여 지구상에 이토록 번식할 수 있었던 것 아닌가.

생각해보길 바란다. 어째서 인류는 그냥 물을 마시지 않고 굳이 카페인과 테오필린 같은 크산틴 유도체나 알코올—이런 물질은 인간을 포함한 일부 영장류 외의 생물에게는 물질대사로 처리할 수 없는 맹독이다—등이 함유된 음료를 개발하고 마셔왔을까. 세균이 무수히 있는 불결한 물을 마셨다가 까다로운 전염병에 걸려 목숨을 잃을 위험을 피하기 위해서였을까? 그렇지 않다.

약물의 역사는 인류의 역사만큼 오래되었다. 기원전 4000년의 메소포타미아 문명 유적에서도 당시 인류가 알코올과 양귀비꽃(아편의 원료)을 사용했다는 사실을 보여주는 증거가 발굴되었다. 또한 어느 고대 문명을 보아도 인류의 폭발적 번식과 문명의 발생은 곡물에서 보존 가능한 식재료를 만들어낸 것에서 시작되었는데, 그런 곡물 중 하나인 보리에서 먼저 만들어진 보존식이 빵이었는지 맥주였는지는 아직도 결론이 나지 않았다.

그처럼 기나긴 약물의 역사에 비해 약물 법 규제의 역사는 너무나 짧아서 기껏해야 100년 정도밖에 안 된다. 그리고 어떤 약물을 불법이라고 규제할 때에 가장 고려한 것은 개인의 건강에 미치는 피해나 사회에 끼치는 폐해가 아니라 이민족과 타 문화에 대한 혐오감과 배타적 감정이었다.

미국의 금주법을 떠올려보길 바란다. 1920년부터 13년 동안 미국에서 알코올음료는 불법약물이었다. 어떻게 그처럼 광신적인 법안이 유권자들의 지지를 받고 국회에서 가결되었을까? 확실히 그 전부터 미국에서는 프로테스탄트적인 금욕주의의 연장선에서 금주 운동이 벌어지기는 했다. 하지만 그것만으로 알코올처럼 생활과 밀착한 약물을 규제하기는 어렵다.

두 가지 요인이 영향을 미쳤다고 본다. 한 가지는 당시가 제1차 세계대전 중이었다는 것이다. 미국 내에서 생산하는 곡물은 군량으로 전선에 보내는 게 우선되었고, 알코올음료를 제조하는 데 쓸 여유가 없었을 것이다. 또 다른 요인은 미국 내 주조회사의 대부분이 적국인 독일계 기업이었다는 것이다. 독일에 대한 적대감과 혐오감은 일종의 집단 히스테리 같은 여론을 만들어냈고 법안 가결을 강력히 밀어주었다.

대마초에 관해서도 마찬가지다. 국제적인 대마초 규제를 이끌어온 나라 역시 미국이다. 미국은 어째서 그렇게까지 대마초 규제에 집착할까. 거기에는 멕시코 이주민에 대한 차별이 존재한다. 이주민들은 자기들이 태어나고 자란 토지의 풍속대로 대마초 흡연을 즐겼다. 미국 정부는 국민 사이에 만연한 이주민들에 대한 혐오와 차별을 이용하여 대마초 규제를 실시했다. 그리고 대마초가 건강에 미치는 피해에 관해서 "대마초를 피우면 수

치심을 잃고 유색인종과 부도덕한 성적 관계를 맺어버린다."라는 등 허위 캠페인을 벌였다.

유럽의 아편 규제, 그리고 일본의 각성제 단속법 제정도 마찬가지다. 유럽에서는 중국인에 대한 차별 의식이, 일본에서는 '조선인이 각성제를 밀매하여 번 돈을 한반도로 보내고 있다.'라는 헛소문이 국회를 움직였다고 한다.

우리가 명심해야 하는 것은 어느 민족이든 어느 문화든 제각각 선호하는 약물이 있으며, 그 약물을 능숙히 활용하여 공동체를 유지해왔다는 사실이다. 멕시코인의 대마, 페루인의 코카나무 잎, 아메리카 원주민의 페요테 선인장 등 헤아려보면 끝이 없다. 일찍이 청나라 시대의 중국에 방문한 영국인은 중국인이 일상적으로 아편을 사용하는 것에 놀랐지만, 정작 당시 중국인은 영국인이 알코올 도수가 높은 위스키를 맛있다는 듯이 마시는 걸 보고 기함했다는 일화가 남아 있다.

유일하게 예외인 민족은 이누이트(에스키모) 정도다. 식물이 자생하기 어려운 극한의 토지에서 살았기 때문에 그들은 약물을 발견할 기회가 없었던 것이다. 하지만 문명화 과정에서 백인 문화의 상징인 알코올의 존재를 알자마자 약물에 면역이 없던 이누이트는 순식간에 알코올에 빠져버렸다. 오늘날 이누이트의 알코올 의존증 환자 비율이 높다는 사실은 널리 알려져 있다.

타 문화에 대한 차별이라는 점에서는 커피 역시 예외가 아니었다. 훗날 그토록 커피를 예찬한 근대 유럽 사회조차 결코 처음부터 쌍수를 들고 그 음료를 받아들이지는 않았다.

바흐의 「커피 칸타타」라는 곡을 들어본 적이 있을까. 바흐가 18세기 전반에 작곡하고 초연한 세속 칸타타 중 한 곡이다. 이 작품은 세 사람의 가수가 해설자(테너), 완고한 부친(바리톤)과 그의 딸(소프라노)을 맡아 노래하는 희극적인 구성을 하고 있다. 부친이 커피에 푹 빠진 딸을 나무라며 커피를 끊으라고 필사적으로 설득하고, 애원하고, 나아가 공감까지 하는 대화가 그대로 가사에 담겨 있다.

이 곡은 당시 유럽인들이 커피를 어떻게 대했는지 여실히 보여준다. 오스만제국에서 유럽 사회로 커피가 전해진 것은 17세기 후반이었는데, 그 검은 음료는 순식간에 사람들을 매료해서 사회 전체에 퍼져 나갔고 18세기가 되자 유럽 각지에 카페가 속속 문을 열었다. 하지만 모든 유럽인들이 이교도로부터 전래된 음료를 순순히 받아들이지는 않았다. 실제로 당시 로마 교황은 '이슬람교도는 그리스도교도의 성스러운 음료인 와인을 마시지 않기 때문에 악마에게 벌로 커피를 받고 있다.'라고 했다. 그래서 카페 인근 주민들은 커피 향을 '악마의 냄새'라고 호소하며 악취 피해에 관한 민원을 넣었다고 한다.

그뿐이 아니다. 오늘날의 감각으로는 놀랍기만 한데 당시 유럽에서는 커피를 마시면 '아이를 낳지 못하게 된다.' '피부가 까매진다.' 심지어는 '커피와 우유를 함께 마시면 한센병에 걸린다.' 같은 헛소문이 진짜라고 여겨지기도 했다. 그리고 영국과 독일에서 여성은 커피 하우스에 출입할 수 없었다. 그런 규제는 커피를 애호하는 여성들의 반발을 불러일으켜서 물의를 빚는 사태로 발전했다. 당시 세간의 그런 분위기를 반영한 곡이 바로 「커피 칸타타」인 것이다.

사실 커피를 대하는 사람들의 저항심은 유럽에만 있지 않았다.

커피의 붉은 열매에 있는 각성 작용은 9세기 에티오피아에서 발견되었다는데, 진위는 분명하지 않다. 그 콩을 볶아서 음료로 활용하게 된 것은 훨씬 나중 일로 약 500년 후인 14, 15세기부터였다고 한다. 처음에는 오로지 이슬람 밀교의 수행자가 밤새워 예배를 올릴 때 말 그대로 '각성제'로 사용했다.

그 뒤 커피는 이슬람 세계의 서민에게 퍼져 나갔다. 하지만 커피가 '불에 탄 숯을 먹어서는 안 된다.'는 이슬람 교의에 어긋난다는 비난이 일었고, 정부 고관이 커피 판매자를 처형하는 사건도 일어났다. 그럼에도 불구하고 16세기 말에는 오스만 제국의 수도 이스탄불에 수백 곳의 카페가 늘어설 만큼 커피가 퍼졌고, 정부도 그 음료를 인정할 수밖에 없었다고 한다.

아무튼 지옥의 2년을 견뎌낸 나는 무사히 의학부를 졸업하고 국가시험에도 합격했다. 그건 이제 카페인을 이용한 인체 실험(혹은 내 신체를 활용한 임상 실습?)이 종료되었다는 걸 뜻했다.

그 후 나는 카페인 알약을 끊었고, 커피도 원칙적으로 아침에 머그컵 두 잔, 오후에 한 잔 정도만 마시려고 노력해왔다. '어쩔 수 없이 카페인의 힘을 빌려야 하는' 때에는 그날 효과가 최대한 커지도록 며칠 전부터 커피를 삼가고 내성을 초기화하여 중추신경계의 민감도를 높이는 사전 작업을 하고 있다. 나 스스로도 징글징글하게 주도면밀한 약물 남용자라고 생각한다.

최근, 카페인 남용과 관련한 무서운 실태를 알았다. 사이타마 의과대학의 가미조 요시토 박사에 따르면 2013년 이후 일본 전국의 응급의료기관에 이송된 카페인 중독 환자가 급증했고, 그중에는 목숨을 구하지 못하고 사망한 사람도 있다고 한다. 응급 이송 사례의 대부분은 에스타론모카처럼 시중에서 판매하는 카페인 함유 약을 과다 섭취한 결과였다. 그런데 그런 사례가 2013년부터 급증한 배경은 같은 시기부터 에너지 드링크의 판매가 확대된 것과 무관하지 않다. 산더미처럼 쌓인 일을 마주한 사람들이 처음에는 에너지 드링크로 힘내다가 내성 때문에 효과가 사라지자 에스타론모카 등으로 스스로에게 채찍질을 한 것이다.

남 이야기가 아니다. 나 역시 카페인 중독과 직면할 가능성이 충분히 있었다.

최근 절실히 생각하는 것이 있다. 이 세상에는 '좋은 약물'도 '나쁜 약물'도 없으며, 약물의 '좋은 사용법'과 '나쁜 사용법'이 있을 뿐이라는 것이다. 그것은 '왜 알코올은 괜찮고, 각성제는 안 되는가.'라는 그 환자의 질문에 대한 내 나름의 답이다.

그리고 그 답에는 이어지는 내용이 있다. '나쁜 사용법'을 그만두지 못하는 사람에게는 반드시 다른 어려움이나 고민이 있다는 것이다. 그것이야말로 내가 의사로서 약물 의존증 환자와 계속 마주 앉는 이유다.

계몽은 어떻게 저주가 되었는가

○

2009년 여름, 세간은 한 여성 배우의 약물 사건으로 떠들썩
했다. "토끼는 외로우면 죽어버리니까."라는 명대사로 유명한 청
순파 배우와 각성제라는 의외의 조합, 그리고 서스펜스 드라마
를 방불케 하는 스릴 넘치는 도피 행각까지 어우러져서 사건 보
도는 지나친 과열 양상을 보였다. 방송에서는 연일 그 배우와 관
련한 화제를 다루었고 주간지와 스포츠신문에서도 수많은 억측
기사를 내보냈다.

전국을 들썩인 '약물 드라마'는 보석 후에 열린 기자회견에서
대단원의 막을 내렸다. 지금 돌이켜봐도 기자회견에서 그 배우
의 언동은 대단히 훌륭했다. 조용히 눈을 내리깐 얼굴은 그때껏

유치장에 있던 사람이라고 믿기지 않을 만큼 아름다웠고, 의연하게 사죄하는 태도에서는 어딘지 성스러운 분위기까지 풍겼다.

눈물을 흘리는 타이밍도 절묘했다. 사죄하기 위해 고개를 숙였을 때 눈물방울을 떨어뜨려서 마스카라와 눈물이 뒤섞여 '판다 눈'이 되는 것을 막았다. 그야말로 배우의 면모가 드러난 것이다. 참고로 예능 리포터였던 고故 나시모토 마사루의 관찰에 따르면 회견 중에 배우가 떨어뜨린 눈물은 총 스물두 방울이었다고 한다.

그 회견에서 배우는 많은 사람들에게 '나는 의존증까지는 아니다.'라는 인상을 심는 데 성공했다. 왜냐하면 그의 의연한 아름다움에서는 사람들이 알고 있는 의존증 환자의 스테레오타입과 비슷한 구석을 찾을 수 없었기 때문이다.

그렇지만 짓궂게도 내 머릿속에는 한 가지 억측이 들었다. 배우의 회견을 보고 낙담한 사람들도 있지 않을까. 스스로를 '양식 있는 시민'이라고 칭하는 사람들이 내심 기대했던 것은 아름다움이나 성스러움이 아니라 감량이 지나친 복서처럼 탐욕에 가득한 눈과 홀쭉한 볼, 혹은 건강에 주의하지 않은 탓에 뾰루지가 가득한 피부와 잘 돌아가지 않는 혀로 지리멸렬하게 말하는 태도가 아니었을까? 그런 모습을 보며 자신의 평범함과 지루한 인생을 긍정하고 '쾌락을 탐한 천벌이야. 역시 보통이 최고야.'라며 득의양양하게 말하고 싶지 않았을까?

전문가로서 단언한다. 배우가 실제로 어땠는지는 제쳐두고 일반적으로 말하면, 당시 배우의 모습에는 의존증 환자로서 아무런 모순이 없었다. 약물 의존자 중 많은 이들은 약물만 사용하지 않으면, 혹은 눈앞에 약물만 없으면, 보통 사람인 것이다.

그렇지만 대부분 사람들이 그런 사실을 모른다. 왜냐하면 우리는 약물에 관해서 오랫동안 거짓을 배워왔기 때문이다.

여기부터 시작하자.

1990년대 말부터 일본 각지의 중학교와 고등학교에서 약물 남용 방지 교실—학생들에게 "안 돼, 절대로."를 외치게 하는, 이른바 약해교육薬害教育이다—이 개최되기 시작했다. 나는 약물 의존증 업계에 발을 들이고 사반세기 동안 줄곧 그 일이 싫어도 너무 싫어서 강의 청탁을 받을 때마다 마음이 침울해지곤 한다.

이유는 여럿 있다.

우선 강연장이 체육관이라는 점부터 마음에 들지 않는다. 체육관은 여름이면 불지옥이 되어 사우나 같고 겨울에는 냉동 창고가 되는 등 기상 조건에 따라 극단을 오가는 가혹한 곳이다. 그래서 강연을 하면 땀범벅이 되거나 추위를 참아야 하는 인내심 테스트가 되기 십상이다.

음향 설비도 나빠서 마이크를 통해 내 목소리가 어떻게 들리는지 알기 어렵다. 그래서 나도 모르게 부자연스레 목소리를 높이는데, 강연이 끝나면 밤새 노래방에서 놀았냐고 오해를 받을 만큼 목이 쉰다.

내 마음속의 오랜 상처를 건드리는 느낌도 싫다. 학생들은 가엾게도 체육관 바닥에 불편하게 쪼그리고 앉는데, 줄을 맞춰야 한다는 이유로 "앞으로 바싹 붙어!"라는 지시까지 들어야 한다. 보기만 해도 마음이 아픈, 40년 전과 비교해 전혀 달라지지 않은 학교 풍경이다.

친구들과 수다를 멈추지 못하는 학생도 있다. 나는 그런 걸전혀 신경 쓰지 않지만, 도저히 허용하지 못하는 사람도 있다. 주로 운동복을 입는 생활지도 담당 교사가 그렇다. 어떤 교사는 갑자기 "거기 둘, 일어서!"라며 내 심장까지 얼어붙을 만큼 고함치기도 한다. 그리고 다른 학생들의 시선이 일제히 쏠린 상황에서 이렇게 소리친다. "그렇게 떠들고 싶으면 마쓰모토 선생님 대신 니들이 강연해. 빨리 앞으로 나가! 자, 모두 두 사람한테 박수!" 이 얼마나 굴욕적인 상황인가.

고함으로 부족해서 죽도로 연단을 힘껏 내리치는 교사도 있다. 그러면 확실히 학생들의 웅성거림이 대번에 멎는다. 하지만 답답하고 어색한 정적 속에서 내 의욕은 차갑게 식는다. 한번 생각해보길 바란다. 죽도로 내리친 연단에 서야 하는 것이다. 그토록 기분 나쁜 일은 없다.

이런 장면들과 조우할 때마다 나는 오래전 중학교 시절을 떠올릴 수밖에 없다. 40년 전, 내가 다닌 학교에 교내 폭력의 폭풍이 일기 전에도 폭력으로 위협을 가하고 굴욕적인 벌을 주어 학생들을 침묵시키는 교사들이 있었다.

약물 남용 방지 교실과 관련해 씁쓸한 기억이 있다. 약 20년 전, 나는 어느 중학교에서 강사 의뢰를 받았다. 당시 아직 경험이 적었던 내게는 무척 어려운 일이었다. 의학도들을 상대로 강의하듯이 여러 약물의 효과와 건강에 미치는 피해를 나열하면, 중학생들은 마취에라도 걸린 듯 순식간에 의식을 잃을 터. 어떻게든 학생들이 집중력을 유지할 방법을 찾아야 했다.

그래서 나는 학교에 한 가지 제안을 했다. 다르크(의존증 재활을 위한 민간 시설)의 직원으로 약물 의존증에서 회복한 당사자가 나와 함께 연단에 서서 학생들에게 체험담을 직접 들려주면 어떻겠냐는 것이었다. 의사의 장황하고 단조로운 강의보다 훨씬 생생한 이야기에 학생들이 관심을 기울이리라 생각했다.

학교 측은 내 제안을 단호하게 거절했다. "약물 의존증에서 회복한 사람이 있는 걸 알면, 학생들이 '약물에 빠져도 회복할 수 있다'고 마음 놓고 더 약물에 손댈 것이다."라고 했다.

전화로 준비 회의를 하는데 교장은 이렇게 신신당부를 했다.

"아무튼 선생님께서는 약물의 무서움을 최대한 많이 말씀하셔서 학생들이 벌벌 떨게 해주시길 부탁드립니다. 한 번이라도 약물에 손을 댔다가는 뇌가 쾌락에 푹 절어서 인생이 파멸된다는 걸 아이들이 알아야 합니다."

아무것도 모른다. 약물 의존증 환자를 조사해봐도 첫 경험부터 쾌락에 빠지는 경우는 거의 없다. 쾌감이 없는 대신 환각과 피해망상 같은 건강상의 이변도 일어나지 않는다. 굳이 말하면 첫 체험에서는 기껏해야 가벼운 불쾌감을 느끼는 정도다. 많은 이들이 알코올과 담배를 처음 접하고 그러듯이.

즉, 약물 첫 체험은 '김빠지게' 끝나는 것이다. 젊은이들은 이렇게 생각한다. '학교에서 배운 거랑 전혀 달라. 역시 어른은 거짓말쟁이야.' 그 순간부터 그들은 약물 경험자의 말만 믿으며, 부모와 교사, 전문가의 말은 한 귀로 듣고 한 귀로 흘린다. 이게 가장 무서운 일이다.

이 일화에도 후일담이 있다. 나는 학교에서 허락을 받지 못한 것을 해명하고 사죄하기 위해 미리 부탁해두었던 다르크 직원을 찾아갔다.

그는 쓴웃음을 지으며 말했다.

"그런 일이 아직도 가끔 있어요. 그래도 최근에는 조금씩 강연에 불러주는 곳이 늘어나고 있어요."

그러더니 피식 자조적으로 웃으며 말을 이었다.

"그런데 이상한 주문이 붙긴 해요. 어떤 곳은 '너무 힘줘서 멋있는 차림으로 오지 마세요. 가능하면 낡은 운동복이나 더러운 옷으로 부탁드려요.' 하더라고요."

20년 전까지만 해도 학교가 의존증 당사자를 부른 것은 어디까지나 반면교사, 혹은 '폐인' 샘플을 보여주기 위해서였다는 말이다.

최근 10년에 걸쳐서 일본 사회는 약물에 손댄 사람에게 지나칠 정도로 엄격한 곳이 되었다. 전환점은 역시 앞서 소개한 배우의 사건이었다고 생각한다. 그 사건 이후 연예인의 약물 사건 보도가 갈수록 과격해지고 있다. 특히 텔레비전의 와이드쇼가 심각하다. 자신감 넘치는 표정의 평론가에게 체포된 연예인을 비난하게 하고, 중간중간 거리에서 인터뷰한 일반인들의 "실망했다." "팬을 그만두겠다." 하는 말을 집어넣는 등, 사람들의 처벌 감정을 부채질하는 데 여념이 없다.

기묘한 관습도 생겼다. 약물 사건으로 체포된 연예인은 보석으로 나올 때 경찰서 앞에서 깊이 머리를 숙여 사죄해야 하고,

그다음에는 언론 관계자들이 자동차와 오토바이 심지어 헬리콥터까지 동원해 추적하는 걸 기꺼이 감수해야 한다. 누군가 공식적으로 결정한 사항은 아니지만, 언젠가부터 그런 분위기가 조성되고 말았다.

그뿐이 아니다. '전문병원에서 의존증 치료를 받는 것 같다.' 하는 소문이 돌면, 수도권의 눈에 띄는 전문병원에 온갖 언론사 관계자들이 닥쳐서 특종을 노린다. 병원조차 안전한 곳이라 할 수 없는 것이다.

그렇다고 해서 자택으로 돌아가면 언론이 집 앞까지 몰려들어 당사자는 물론 가족에게도 마이크를 대고 인터뷰를 하려 든다. 보석으로 나온 연예인은 한동안 가명을 쓰며 호텔을 전전할 수밖에 없지 않을까. 집 가까이 가지도 못할 것이다.

명백한 인권 침해다. 물론 언론에도 그들 나름의 정의는 있다. 실제로 "이 역시 사회적 제재의 일부이며, 이런 보도 자체가 약물 남용 억제에 공헌하고 있다."라고 자신들의 사적인 형벌을 정당화하는 방송 프로듀서와 만난 적이 있다.

그렇지만 그런 보도가 약물 의존증에서 회복하는 걸 방해한다는 사실을 잊어서는 안 된다. 실제로 상당히 많은 환자들이 매일같이 방송에서 가혹한 논조로 말하는 걸 듣다가 '아무리 힘내서 약을 끊어도 내가 돌아갈 곳은 없어.'라고 절망하여 치료 의욕을 잃어버린다. 그리고 방송에 종종 삽입되어 각성제를 떠오르게 하는 '하얀 가루와 주사기' 이미지는 외려 약물 의존증 환자의 약물 갈망을 자극한다. 그 결과 약물을 재사용해버리는 경우도 적지 않다.

불똥은 전문가인 내게도 튄다. 체포된 연예인이 보석될 때마다 내가 근무하는 병원으로 보도진이 모여들고 인근 도로에 중계차량이 몇 대씩 줄지어 주차한다. 당연히 주민들로부터 항의가 들어오고, 병원의 총무과는 나에게 따지고 든다.

"마쓰모토 선생님, 오늘 보석 예정된 그 연예인, 우리 병원에 오나요?"

"아뇨, 적어도 저는 그런 얘기 못 들었어요."

내가 부정해도 총무과는 믿지 않는다.

"물론 환자 개인정보 보호가 중요해서 말씀하시기 어려운 건 알지만요. 진료를 받으러 온다면 저희도 대응 방법이나 진료실까지 동선을 생각해야 해요. 화내지 않을 테니 솔직하게 알려주세요. 우리한테 오는 거죠?"

"제가 혼날 이유도 없고, 거짓말할 이유도 없는데….'

농담 같은 이야기지만, 거짓이 아니다.

전문가의 의견을 따려는 방송국과 신문사도 연락을 많이 해온다. 대부분은 약물 문제에 전혀 관심이 없고 나와 일면식도 없는 기자가 '지금 뜨거운 화제니까'라는 이유에서 달려드는 것이다. 그런 기자에게 자칫 의견 같은 걸 밝혔다가는 내 말의 어디를 잘라서 어떻게 쓸지 예상도 할 수 없다. 그래서 그런 취재 요청은 전부 응하지 않지만, 끈질긴 기자를 포기하게 만드는 건 어지간한 기력으로는 힘들다.

그래도 '이 사람이라면.' 하는 생각이 드는 기자의 취재 요청은 가능한 협력했고, 필요하다면 방송에도 출연했다. 물론 '사람의 불행으로 밥벌이를 한다'는 거리낌이 없지 않았지만, 그렇다고 해서 세간의 인식을 바로잡을 기회를 놓칠 수는 없었다.

그렇지만 신뢰할 만한 매체를 판단하는 것은 어려운 일이다. 나 역시 지금껏 수없이 예상이 빗나가서 상처 받고, 낙담하고, 분개해왔다.

그 이야기를 조금 해보겠다.

2014년, 나는 연거푸 두 차례 방송에 출연했다가 쓰디쓴 좌절을 경험했다. 모두 그럭저럭 높은 시청률을 자랑하는 공영방송의 생방송 토론 프로그램이었다. 와이드쇼 등이 약물 사건에 관해 도가 지나친 보도를 하는 상황에서 "엄벌 일변도인 이 나라의 약물 정책에 이의를 제기하고 싶다"고 의욕적인 프로듀서가 연락을 해왔는데, 그의 말에서 긍정적인 인상을 받은 나는 조금

성급하게 요청을 수락했다.

첫 번째 출연은 그해 6월, 거물 뮤지션이 각성제 단속법 위반으로 체포된 것을 계기로 내게 연락이 왔다. 그 방송에서 나는 약물 의존증 치료를 전문으로 하는 의사의 입장에서 다음과 같은 발언을 했다.

"형벌만으로는 문제를 해결할 수 없다. 각성제 단속법 위반자의 재범률이 높은 이유는 그들 대부분이 약물 의존증이라는 병에 걸려 있기 때문이다. 교도소에 들어간다고 병이 낫지는 않는다. 형벌보다 치료가 필요하다."

자기주장이 강한 논객들이 출연하는 토론 프로그램에서 타이밍을 재다 잘 끼어들어 단적으로 내 의견을 말하기란 쉬운 일이 아니다. 하지만 운 좋게도 그날은 잘 풀렸다. 방송이 끝난 후 나는 할 말을 전부 했다는 성취감으로 매우 기분이 좋았다.

그렇지만 자기만족에 지나지 않았던 것 같다. 집에 돌아와 살펴본 프로그램의 웹사이트에는 시청자들이 남긴 항의 글이 수두룩했다. "각성제 의존증은 병이 아니라 범죄. 백 보 양보해서 병이라고 해도 결국 자업자득이야. 세금으로 치료해주지 마." "저 의사는 범죄자를 옹호하고 있어. 정신이 나갔네." "더 엄벌을 내려야 해. 사형시키는 게 나아." 게시판이 폭발 직전이라 해도 무방한 상태였다.

엄벌? 사형? 솔직히, 눈앞이 캄캄했다. 그 사이트에 적힌 의견이 전 국민의 의견일 리는 없었지만, 적어도 그때는 일본인이 모두 가학적인 극우 네티즌처럼 느껴졌다.

내가 무섭게 느낀 것은 사람들이 형벌의 효과를 무조건적으로 믿는다는 사실이었다. 무엇을 위한 형벌인가, 누구도 스스로 생각해서 발언하는 것 같지 않았다.

형벌에는 세 가지 기능이 있다. 첫째, '위협'이다. '나쁜 짓을 하면 벌을 받고 힘든 일을 겪어야 해. 그러니 나쁜 짓을 하면 안 돼.' 이렇게 위협함으로써 범죄를 미연에 방지하는 것이다. 둘째는 '응보'. 범죄 피해자가 '눈에는 눈, 이에는 이'라며 개인적으로 복수하는 것이 아니라 나라가 책임지고 형벌을 내려 피해자의 응보 감정에 답해주는 것이다. 그리고 마지막 셋째는 '재범 방지'. 범죄를 저지른 사람에게 교정 교육을 하여 시민사회로 다시 돌아갈 기회를 제공하는 것이다.

이 세 가지 기능을 '불법약물의 자기 사용'이라는 범죄에 적용해보자.

우선 '위협'. 이것은 어느 정도 효과가 있을 것이다. '약물을 쓰면 벌을 받아 힘든 일을 겪을 거야.' 이런 위협은 확실히 사람들이 처음에 약물 사용을 주저하는 요인 중 하나다. 그 점은 인정한다.

그다음 '응보'. 불법약물의 자기 사용으로 피해를 입는 건 누구일까? 누군가는 '각성제를 쓰면 정신병 상태가 되어서 심각한 폭력 사건을 일으킬 우려가 있다.'라고 걱정하기도 한다. 그런데 사실 약물 사용과 폭력 사이에 명확한 개연성은 없다. 설령 개연성이 있어도 '우려'된다는 이유로 처벌할 수는 없다.

'반사회적 세력의 자금줄이 되어 간접적으로 시민 생활을 위협한다.' 이런 의견도 있는데, 이상한 건 마찬가지다. 불법화하니까 반사회적 세력의 지하경제에 기회를 주는 것이다. 금주법이 있던 시대의 미국에서 알 카포네가 밀주 사업으로 거대한 이윤을 챙긴 것을 떠올려보길 바란다.

이 두 가지 주장을 제외하고 약물 사용의 근본적 피해자는 누구일까? 약물 범죄를 가리켜 흔히 '피해자 없는 범죄'라고 하는데, 굳이 피해자를 가린다면 바로 스스로 건강을 해친 약물 사용자 본인이다.

마지막 세 번째 기능 '재범 방지'는 어떨까? 지바대학 하자마 교코의 연구진과 국립정신·신경의료연구센터 시마네 다쿠야의 연구진이 법무성의 데이터를 활용하여 각각 진행한 두 가지 연구 결과에 따르면 약물 사용자는 교도소에 더욱 길게, 더욱 자주 드나들수록 재범률이 높아진다. 또한 교도소에서 복역할 때마다 의존증의 중증도가 심해진다는 사실도 밝혀졌다. 이 연구 결과는 불법약물 자기 사용자의 재범 방지에 형벌이 유효하지 않을 뿐 아니라 도리어 재범 방지를 방해한다는 가능성을 시사한다.

이렇게 바꿔 말해도 되겠다. 불법약물의 자기 사용에 대해서 형벌은 본래 해내야 하는 세 가지 기능 중 하나밖에 발휘하지 못한다고 말이다.

그럼에도 불구하고 더욱 엄벌을 내리길 바라는 것은 과학(사이언스)보다 미신(이데올로기)을 중시하는 태도를 표명하는 것에 불과하다. 아니면 '맞아도 모르는 놈은 더욱 세게 두들겨 팰 뿐이다. 설령 효과가 없어도 상관없다. 주위에 본보기가 되면 충분하다.' 하는, 죽도를 들고 고함치는 교사 같은 공포 정치를 긍정하는 것이다.

한 달 뒤, 나는 질리지도 않고 다시 같은 프로그램에 출연했다. 시청자의 항의를 두려워하는 방송국 입장에서는 사실 나를 출연시키고 싶지 않았을 것이다. 하지만 이미 출연 계약을 맺은 이상 뒤늦게 취소할 수도 없는 노릇이었다. 생방송 당일, 그들은 난감해하면서 나를 스튜디오로 맞이했을 게 틀림없다.

그날의 주제는 이른바 '탈법 허브'를 비롯한 '위험 드러그危険ドラッグ'였다. 토론자 중에는 전 마약 단속관도 있었기에 제작진

의 관심이 '법망을 교묘하게 피하는 탈법적 약물을 어떻게 규제해야 하는가.'라는 점은 명백했다.

물론 내게는 그와 다른 생각이 있었다. 평소에 임상에서 실감하는 것이 있었다. 바로 규제를 강화할수록 약물이 건강에 미치는 피해가 점점 커지고, 교통사고와 폭력 사건 등 사회적 폐해도 심각해진다는 것이다. 그건 금주법 시대의 미국에서 메틸알코올을 넣은 엉터리 술이 나돌아 수많은 사람의 건강을 해친 것과 같은 현상이다.

그래서 그날 나는 이렇게 주장할 셈이었다. "무분별한 규제는 도리어 약물 사용 당사자와 사회에 미치는 폐해를 심각하게 한다. 규제보다는 약물을 원하는 사람을 줄이는 대책, 즉 의존증 치료가 중요하다."

그런데 생방송이 시작되고 얼마 지나지 않아 내 속에는 어떤 의심이 싹텄다. 사회자가 의도적으로 나를 대화에서 배제하고 있지 않나? 나를 마치 유령처럼 이 자리에 없는 사람으로 취급하는 거 아닌가?

• 지정된 일부 약물을 규제하는 법률의 빈틈을 이용하여 만들어진 대체 약물. 불법약물과 화학 구조가 조금 달라 규제 대상이 아니지만 거의 같은 효과를 낸다. 세계적으로 불법약물 지정과 대체 약물 개발이 끊임없이 반복되고 있다. '위험 드러그'는 일본의 행정 용어이고, 영미권에서는 신규 향정신약, 디자이너 드러그(designer drug)라고 부른다.

그래도 처음에는 내 착각 혹은 피해망상이라고 생각을 고치고 발언할 기회를 살폈다. 하지만 마침내 의심이 확신으로 변하는 순간이 찾아왔다. 다른 토론자가 "의사의 입장에서는 어떻게 생각하시나요?"라고 나를 향해 직접 질문을 패스했을 때였다. 사회자는 지체 없이 사이에 끼어들어 질문을 가로채더니 놀랍게도 '의사'가 아닌 다른 토론자에게 그 질문을 던졌다.

펙 굴욕적인 경험이었다. 내가 할 수 있었던 유일한 저항이라고는 프로그램 종료 직전 토론을 정리하는 사회자를 가로막고 15초 동안 내 주장을 일방적으로 빠르게 쏟아내는 것뿐이었다. 결국 사회자는 끼어들지 못했고, 내가 이야기하는 동안에 종료 시간이 되어 프로그램이 갑자기 끝났다. '꼴좋다.' 마음속으로 빈정거렸던 게 기억난다.

그로부터 3년이라는 세월이 지나 굴욕적인 방송 출연의 기억이 흐릿해졌을 무렵, 나는 긴키 지방의 다르크가 주최하는 시민 공개 포럼에 강사로 초대받았다. 음향 시설이 좋은 곳이라서 목소리를 쥐어짤 필요가 없었고, 약 한 시간 동안 기분 좋게 강연했다.

포럼을 마친 뒤 다르크 직원이 호의를 베풀어 나를 가까운 역까지 자동차로 데려다주었다. 그 길에 다르크가 운영하는 시설

앞을 통과했는데, 그때 눈에 들어온 이상한 광경을 나는 평생 잊지 못할 것이다.

시설이 있는 길을 따라 늘어선 집이라는 모든 집에 "약물 의존자 재활시설(다르크) 절대 반대"라고 쓰인 대자보가 붙어 있었던 것이다. 그중에는 저주의 부적처럼 벽 전체에 빼곡하게 대자보를 여러 장 붙여둔 집도 있었다. 오래되었지만 깔끔한 목조주택의 경관이 대자보 탓에 심각하게 훼손되어 요기가 감도는 유령의 집 같았고, 나아가 주변 일대의 거리는 섬뜩한 악마의 도시처럼 보였다.

나는 할 말을 잃었다. 그와 동시에 이 거리를 지나서 자신의 회복 프로그램을 위해 다르크에 부지런히 매일매일 다닐 약물 의존자의 심정을 상상했다. 마음이 몹시 아팠다. 만약 가까운 지인이나 가족이 약물 의존증이라 그 고뇌를 현실적으로 아는 사람이라면, 도저히 이런 짓은 할 수 없다. '아, 이 거리의 사람들에게 약물 문제는 남 일, 다른 세계의 일이구나.'라고 직감했다.

그런 주민 반대 운동은 특별히 긴키 지방에서만 벌어지는 일이 아니다. 그런 문제는 각지에 다르크 시설이 새롭게 세워질 때마다 되풀이되었던 것이다.

"다르크의 활동은 높이 평가한다. 하지만 우리 도시에 약물 의존증 재활시설이 필요한 사람은 한 명도 없다. 오히려 그런 시설이 있으면 외부에서 위험한 사람들이 모여들어서 우리 생활의 안전이 위협받는다. 그러니 그만두길 바란다."

반대파는 항상 이렇게 주장한다. 확실히 일본인 대다수에게 약물 문제는 관계가 멀고 상관없는 일일지도 모른다. 미국 국민 중 대략 절반이 평생 동안 최소 한 번은 불법약물을 경험해보지만, 일본의 경우는 전 국민 중 2.3퍼센트에 불과하다.

이 데이터는 종종 일본의 약물 남용 방지 대책이 일정한 효과를 거두고 있다는 근거로 인용되어왔다. 일본 수사기관의 약물 범죄 수사·단속 능력은 세계적으로 보아도 분명히 정상급이고, 미국 및 유럽 각국과 비교해보면 약물 청정국이기는 하다.

그렇지만 얄궂게도 그런 상황이야말로 약물 의존증에 대한 편견과 오해를 낳는 토양이 되고 있다. 불법약물 경험자가 적으면 당연히 '의존증'에 해당하는 사람은 더욱 적게 마련이다. 그 때문에 아마 평균적인 일본인의 대부분은 현실의 약물 의존자와 한 번도 직접 의사소통해보지 못하고 생애를 마칠 것이다. 결국 잘못된 소문과 유언비어는 수정될 기회를 얻지 못한 채 사람들의 마음속에 자리 잡고 만다.

그렇다면 '현실'의 약물 의존자를 알지 못하는 대다수 일본인은 대체 어디서 그토록 적의에 가득한 약물 의존자의 이미지를 갖게 되었을까? 자극적인 보도를 하는 와이드쇼는 확실히 그런 이미지의 원인 중 하나겠지만, 연배가 높은 사람에게는 약 30년 전에 일본민간방송연맹이 실시한 계몽 캠페인의 "각성제를 그만두겠습니까, 아니면 인간이길 포기하겠습니까?" 하는 카피의 영향이 클지도 모르겠다. '약물 의존자 = 인간이길 포기한 사람들'이라는 낙인이 찍혀 있으니 다르크에 반대하는 것도 어떤 의미로는 당연하다.

하지만 좀더 광범위하게 조직적으로 약물 의존자에 대한 인상을 조작하는 곳이 있다. 그렇다. 바로 중고등학교에서 이뤄지는 약물 남용 방지 교실이다.

최근 나는 문부과학성의 요청을 받아 '전국고교생 약물남용 방지 포스터 콩쿠르'의 심사위원을 맡았다. 나는 그림에 조예가 전혀 없지만 약물 의존증 전문가라서 심사위원으로 위촉된 것이다.

간단히 말해 장관상을 받을 만한 포스터를 고르면 되는 일이었는데, 이게 퍽이나 지루한 작업이었다. 어느 포스터도 너무 획일적인 데다 몰개성적이었고, 이것도 저것도 죄다 '복사, 붙여넣기'를 한 듯 비슷비슷했다. 정말 이 작품이 지방예선에서 끝까지 살아남아 지자체 단체장상을 받은 작품인지 의심스러울 정도였다. 왜냐하면 모든 포스터에 하나같이 눈이 움푹 패고, 볼이 홀쭉하여 좀비 같은 몰골을 한 약물 남용자가 그려져 있었기 때문이다. 그리고 포스터 속의 모든 남용자는 양손에 주사기를 쥐고 입가에 피 같은 침을 흘리며 당장이라도 아이들을 뒤에서 덮칠 기세였다.

마치 전쟁 때 그려진 프로파간다 포스터 같았다. 적국의 인물을 의도적으로 추악한 '악인'처럼 묘사하여 사람들의 무의식에 혐오감을 새기는 포스터 말이다. 학교의 약물 남용 방지 교실에서 대체 무엇을 가르치는지, 또렷이 상상할 수 있었다.

이번에도 전문가로서 같은 이야기를 할 수밖에 없다. 좀비 같은 약물 남용자는 존재하지 않는다. 적어도 아이들에게 약물을 권할 만큼 활기가 있는 약물 남용자는 대체로 멋지고 건강해 보여서 '나도 저 사람처럼 되고 싶다.'라고 동경할 만한 대상인 경우가 많다. 겉모습은 좀비가 아니라 잘나가는 댄스 가수에 가까울 것이다.

그래서 아이들이 마음을 놓는 것이다. 심지어 그들은 지금까지 만난 누구보다 따뜻하고, 진지하게 내 이야기에 귀를 기울여주며, 처음으로 내 존재 가치를 인정해주는 사람들이다. 가장 소중한 사람인 것이다. 그런 사람이 손을 내밀며 말한다.

"친구가 되자."

이렇게 약물을 권하는 사람에게 '아니.'라고 거절하지 못하는 것도 당연하지 않을까?

아이들을 지키지 못하는 것으로 끝이 아니다. 그런 예방 교육은 약물 의존증 환자에 대한 편견과 차별 의식, 혹은 우생사상적인 생각이 자라나는 밑거름이 되지 않았을까? 그리고 그런 교육이 약물 의존증 환자의 회복에 지장을 초래하고, 나아가 장애가 있는 사람들과 다 함께 살아가는 사회의 실현을 막지 않을까? 그럴 가능성이 정말 없을까?

그저 교육 효과가 없을 뿐이라면 그나마 낫지만, 그걸로 끝나지 않을 가능성도 있다. 나는 오래전 소년원에서 만난 한 소년의 말을 아직도 잊을 수 없다.

"중학생 때 경찰관이 약물 남용 방지 교실에 강사로 와서 '각성제를 그만둘래? 인간이길 포기할래?'라고 엄청 강조했어요. 듣기 힘들었어요. 당시 아버지가 각성제 때문에 체포되어서 교도소에 있었거든요. '내 아버지는 인간이 아닌 건가? 그러면 자식인 나도 틀림없이 인간이 아니겠네.'라고 생각했어요. 그래서 자포자기하는 심정으로 스스로 폭력서클에 다가갔고 제가 먼저 각성제를 찾아서 해봤어요."

물론 그 소년 같은 학생은 학교에서 매우 적은 소수파일 것이다. 하지만 이 나라에서는 그런 아이들이야말로 약물 남용 위험성이 높은 집단이다.

"안 돼, 절대로."

묘하게 입에 잘 붙는 이 카피. 애초에는 유엔UN이 제창한 "Yes to Life, No to Drugs."에서 유래한 것이다. 직역하면 "인생에 '예스'라고 하자. 약물에는 '노'라고 하자."인데, 최대한 의역을 해도 "나를 소중히 여기자. 그래도 약물은 안 돼. 절대로." 정도일 것이다. 하지만 어째서인지 "Yes to Life"는 생략되었고, 시험이었다면 틀림없이 오역 판정을 받았을 수준인 "안 돼, 절대로."가 세간에 퍼지고 말았다.

지금 돌이켜보면 그때부터 단추를 잘못 끼운 것이었다. 그 오역 탓에 일본의 약물 대책은 자신의 '인생에 예스'라고 하지 못하는 사람, 즉 삶의 괴로움과 고통을 떠안고 고립된 '사람'들을 바라보는 시점을 잃어버렸다. 그 결과 약물 대책은 고통을 겪으며 고립된 '사람'의 존재를 무시한 채 오로지 약물이라는 '물건'의 관리·규제·박멸에 특화한 것이 되고 말았다.

예방을 위한 계몽이 지나치면 새로운 차별·편견을 낳는다. 이 글을 쓰는 현재, 신형 코로나 바이러스 감염 예방이 강조되는 와중에 각지에서 감염자와 의료 관계자의 가족을 박해하고, 다른 지역의 번호판을 단 자동차를 배척하는 움직임이 일어나는 것이 바로 그런 사례다. 또한 일찍이 한센병에 대한 차별과 편견을 조장하고 강제 수용과 격리로 한센병 환자의 인권을 침해했던

'무나현운동無癩県運動'˙ 같은 어두운 역사도 잊어서는 안 된다. 같은 맥락으로 현재는 "안 돼, 절대로."가 약물 의존증 환자를 고립시키고 회복을 방해하는 저주가 되고 있다.

그래서 나는 기회를 잡을 때마다 거듭해서 이렇게 주장할 수밖에 없다.

"안 돼, 절대로."로는 절대로 안 된다.

• '나(癩)'는 한센병의 다른 이름인 '나병(癩病)'을 가리키고, '현(県)'은 일본의 행정구역이다. 1930년부터 1960년대까지 일본에서는 민관 합동으로 모든 한센병 환자를 요양소에 강제 수용하여 '나병 환자가 없는 현을 만들자'는 사회운동을 추진한 바 있다. 지금까지 이어지는 한센병 환자에 대한 차별과 편견의 원점이라 일컬어진다.

○

"왜 정신과 의사가 되었나요?"

이 질문을 받을 때마다 어느 밤을 떠올린다.

25년 전의 일이다.

그날 밤의 기억은 요란하게 울리는 전화벨 소리로 시작한다. 나는 잠수함의 조종실처럼 비좁고 답답한 당직실에서 눈을 감은 채 수화기를 들었다.

"20대 여성. 의식장애로 쓰러져 있는 걸 지인 남성이 발견. 머리맡에 시판 진통제 상자가 흩어져 있었음. 과다 복용 추정….""

구급대의 연락이었다. 환자를 수용하겠다고 답한 뒤 수화기를 내려놓았다. 시계는 오전 1시가 조금 넘은 시간을 가리키고 있었다. 나는 마음을 다잡고 일어나 세면대에서 차가운 물로 세수한 다음 하얀 가운을 걸치고 당직실에서 나갔다….

그 밤부터 이야기를 시작하자.

그날 밤, 나는 당직 아르바이트를 하고 있었다. 작은 규모의 민간 뇌신경외과 병원이었다. 당시 나는 평일에 대학병원에서 2년 차 수련의로 근무하는 한편, 주말에는 그 병원에서 아르바이트를 했다. 토요일 저녁부터 월요일 아침까지 이틀 연속 당직으로 근무했는데, 쉴 새 없이 구급차가 찾아와서 규모에 비해 꽤 바쁜 병원이었다.

다만, 중증 환자는 적었다. 번화가와 가까운 탓인지 뇌신경외과다운 환자라고 해봐야 두부 외상을 입은 취객뿐이었고, 대부분은 급성 알코올 중독이나 급성 약물 중독 같은 뇌신경외과답지 않은 환자들이었다. 아마 구급대도 수련의가 당직이라는 걸 고려하여 중환자는 가까운 대학병원으로 이송했던 것 같다.

당시 나는 이미 뇌신경외과, 신경내과, 응급실에서 각각 반년씩 연수를 마치고 조금씩이나마 의사로서 자신감이 싹트고 있었다. 그리고 그날은 마지막으로 수련을 하는 정신과에서 첫 주를 보내고 맞이한 주말이었다.

그 주에 나는 체력이 남아돌았던 것으로 기억한다. 왜냐하면 일주일 동안 정신과 수련의로서 한 업무라고 해봤자 환자와 수

다를 떨고, 병원 내를 산책하고, 배드민턴과 탁구를 치는 정도였기 때문이다. 응급실에서 보낸 폭풍 같은 나날들과 차이가 너무 커서 이대로는 내가 의사라는 사실을 잊어버릴 것 같았다. 그랬기 때문에 주말에 한 당직 아르바이트는 의사로 돌아갈 수 있는 귀중한 기회였다.

지금 '그렇게 의사답고 싶었으면 정신과가 아니라 뇌신경외과에 남는 게 낫지 않았을까?'라고 생각하는 사람이 있을지도 모르겠다. 그렇게 물으면 뭐라 할 말이 없지만, 사실 나는 의학부에 입학했을 때부터 정신과를 지망했다.

지금이야 의학부 졸업 후의 초기 임상 수련에서 이런저런 진료과를 조금씩 경험하는 방식이 당연하지만, 당시만 해도 학부를 졸업하면 보통 곧장 전문 분야를 결정해서 그 분야의 수련에만 전념했다.

하지만 나는 건방지게도 '하드웨어(뇌)의 구조를 모르는 채 오퍼레이팅 시스템(마음)을 이해할 수는 없어.'라고 허세를 부리며 수련할 병원으로 여러 진료과를 반년씩 경험할 수 있는 대학병원을 선택한 것이다.

그 당직 아르바이트는 뇌신경외과에서 수련할 때의 지도 의사가 억지로 떠맡긴 것이었다.

개성이 강한 지도 의사였다. 뇌신경외과 의사로서 실력은 뛰어났는데, 무서울 만큼 말이 없었다. 처음에 말 한마디 없이 묵묵히 점심밥을 먹는 그와 마주 앉아서 '대체 왜 화난 거지?'라고 불안해했던 게 기억난다. 그러던 사람이 일단 긴급 수술이 시작되면 완전히 달라졌다. 아무리 늦은 밤이라도 싫은 내색 하나 없이 곧장 수술실로 달려갔고, 바그너의 음악을 큰 소리로 틀고는 매우 고양된 상태로 집도를 했다.

지금도 선명히 기억하는 것은 마취된 환자의 머리 위에서 현악기와 금관악기가 자아내는 「로엔그린 전주곡」의 화려한 선율이 울려 퍼지던 광경이다. 그 조합은 좀 악취미 같았다. 왜냐하면 환자는 삭발한 머리를 세 개의 거대한 핀으로 단단히 고정하고, 양 눈꺼풀에는 각막의 건조를 막는 패치를 붙인 채, 입에 기관 튜브가 삽입되어 있었기 때문이다.

뇌신경외과에서 수련의로 근무한 지 석 달이 지난 어느 날. 오랜 시간이 걸린 수술을 마치고 휴게실에서 함께 커피를 마시는데 웬일인지 지도 의사가 먼저 말을 걸었다.

"너는 정신과 지망이랬지?"

나는 "네."라고 답했다.

"진심이야? 정신과는 금방 질릴 텐데. 거기는 병이 딱 세 가지밖에 없으니까."

너무 뜻밖인 말이라 나는 깜짝 놀랐다.

"세 가지? 무슨 말씀이십니까? 미국 정신의학회의 정신과 진단 매뉴얼에는 한 권 빼곡히 정신질환 목록이 있는데요."

"하지만 따지고 보면 세 개밖에 없어."

"그 말씀은…." 나는 머릿속으로 할 말을 찾았다.

"즉 내인성, 심인성, 뇌기질성, 이렇게 세 가지로 나뉜다는 말씀이십니까?"

내 말에 지도 의사는 코로 담배 연기를 내뿜으면서 고개를 가로저었다.

"그게 아니야. 우는소리랑 허튼소리랑 잠꼬대, 이렇게 세 개라고."

어이가 없었다. 아무리 그래도 너무 심하다. 정신과를 무시해도 정도가 있지.

확실히 우울증과 양극성 장애의 우울 상태를 '우는소리', 조현병과 양극성 장애의 흥분 상태를 '허튼소리', 그리고 섬망 같은 의식장애를 '잠꼬대'라고 한다면, 전혀 틀리다고는 할 수 없다. 술자리에서 농담으로 말했다면 센스가 좋다고 칭찬했을 것이다. 하지만 정신과를 지망하는 젊은 수련의에게 할 말로는 심각한 문제가 있지 않은가?

내가 조금 울컥해서 잠자코 있자 지도 의사는 말을 이었다.

"뭐, 어느 과든 좋아하는 곳에 가면 되는데, 정신과라도 어느 정도 신체의 병을 볼 줄 알아야 하잖아? 그러니까 여기서 공부 삼아 일해봐."

그러면서 내게 떠민 것이 당직 아르바이트였다. 틀림없이 자기가 그만두고 싶으니까 누구든 후임을 찾아서 얼른 발을 빼려는 속셈이구나…라고 당시에는 생각했다. 뭐, 그럴 만했다. 아무리 워커홀릭이라도 주말에는 집에서 푹 쉬고 싶을 테니까.

번화가 근처에 있는, 변두리 느낌이 물씬 풍기는 민간 병원의 주말 당직이었다. 주정뱅이와 폭력배 등도 각오해야 할 거라고 상상하니 마음이 어두워졌다. 하지만 지도 의사의 명령이었고, 나 역시 주머니 사정이 나쁘다는 현실적인 문제를 겪고 있었다. '뇌신경외과에서 수련하는 동안에만 참고 하자.' 나는 결심하고 당직 아르바이트를 받아들였다.

그렇지만 뇌신경외과에서 옮기면 그만두겠다는 건 나만의 생각이었던 모양이다. 뇌신경외과 수련이 막바지에 이르러 지도 의사에게 아르바이트 자리를 반납하겠다고 했지만, "그것도 공부니까 수련의 기간 중에는 계속해."라며 들어주지 않았기 때문이다.

나는 그 뒤에 신경내과, 응급실로 옮기며 수련의 생활을 하는 동안 주말 당직을 계속했다. 확실히 실력을 갈고닦을 수 있었고,

수련의들 사이에서 인기 있는 편한 아르바이트, 이를테면 정신과 병원이나 노인요양병원의 그야말로 '잠만 자면 되는' 한가로운 당직 아르바이트와 비교해 급여가 훨씬 좋았기 때문이다.

나는 응급 환자로 이송되어 침대 위에 똑바로 누워 있는 젊은 여성을 관찰했다. 갈색으로 염색한 머리카락, 손톱의 화려한 매니큐어. 내 멋대로 술집에서 일하는 여성일까 짐작해봤다. 회색 면 소재의 지저분한 실내복을 입고 있었는데, 소맷부리 안쪽으로 엿보이는 손목에는 칼로 그은 흉터가 있었다. 채혈과 점적주사를 위해 소매를 걷어올리자 팔꿈치 안쪽에 왠지 주사 자국 같은 상처도 보였다. 무언가 불법 약물이라도 쓰고 있는 걸까?

스스로 호흡은 하고 있었다. 혈압은 최고 160, 최저 100으로 살짝 높은 편. 흉부 청진을 해보니 폐 잡음은 들리지 않았다. 그다음 나는 양쪽 눈꺼풀을 끌어 올려서 여성 환자의 안구를 관찰했다. 공동편시˙는 없었다. 빛 반사는 둔해도 있긴 있었다. 불러도 눈을 뜨지는 않았지만, 엄지손톱의 뿌리에 아플 만큼 자극을 가하니 희미하게 얼굴을 찡그렸다. 표정의 움직임만 봐서는 안

˙ 양쪽 눈동자가 한쪽으로 쏠린 채 고정되는 현상. 뇌출혈과 뇌경색 등을 일으킨 후에 나타난다.

면 마비도 없는 듯했다.

뒤이어 환자의 양손을 붙잡아 들어올린 다음 얼굴 위에서 손을 놓아보았다. 천천히 얼굴을 피해서 손이 축 늘어졌다. 이번에는 양 무릎을 세우고 손을 떼보았다. 역시 천천히 다리가 퍼졌다. 팔다리 모두 근육의 긴장이 어느 정도 유지되어 있었고, 좌우에 차이는 없었다.

침대를 밀어서 방사선 검사실로 갔다. 두부 CT 검사 결과, 예상대로 뇌 내에 출혈이나 종양 같은 건 눈에 띄지 않았다. 당장은 뇌경색 역시 없는 듯했다.

병원까지 동행한 연인 같은 남성에게 사정을 물어보았다. 그는 일주일 전에 여성과 싸웠다고 했다. 그가 말없이 다른 여자와 술을 마시며 놀았던 것을 들켰고, "바람 폈어." "아냐, 그게 아냐." 하고 말싸움을 하다가 헤어지자는 이야기까지 나왔다. 그리고 최종적으로는 화해하지 않고 그대로 헤어지는 형식이 되어버렸다는 것이다.

그는 싸우고 일주일 동안 전혀 연락을 하지 않았지만, 오늘 밤에는 왠지 불안해서 여성에게 몇 차례 전화를 걸어보았다. 여성은 받지 않았다. 남성은 직접 여성의 아파트로 가보았고, 아직 돌려주지 않은 열쇠를 사용해 실내로 들어가 보니 여성은 침대 위에 의식을 잃고 누워 있었고 머리맡에는 진통제 상자가 잔뜩 있었다.

"나 때문에…." 남성은 자책했다.

머리맡에 대량의 진통제. 그걸로 죽을 셈이었을까? 아니면 이렇게 소동을 일으켜서 남성의 관심을 끌려고 했을까? 어느 쪽이든, 어느덧 내게 친숙해진 급성 약물 중독일 것이다. 야간에 구급차로 이송되는 환자의 대부분은 이처럼 넓은 의미의 정신과적 문제를 겪고 있었다.

나는 구급대가 건네준 서류에 필요한 사항을 기입하고 서명을 했다. 그리고 떠나가는 구급대를 배웅하면서 환자의 비강에 위관을 삽입하기 시작했다.

왜 정신과 의사가 되려고 했느냐는 질문을 받을 때마다 임기응변으로 매번 다르게 답해왔다. 사실은 스스로도 왜인지 잘 모른다. 다만, 단 하나 확실한 사실이 있다. '의학부에 진학하고 정신과를 선택'한 것이 아니라 '정신과 의사가 되기 위해 부득이하게 의학부 진학'을 했다는 것이다.

정신과 의사라는 직업을 처음 안 것은 고등학생 시절이었다. 수업을 땡땡이치고 시립도서관에 갔다가 우연히 한 소설을 펼친 것이 계기였다. 가가 오토히코의 『플랑드르의 겨울』*이었는데, 프랑스 북부에 있는 정신과 병원을 무대로 정신과 의사들의 마음속 어둠을 그리는 소설이었다. 당시에는 그렇게 재미있지 않았지만, 정신과 의사라는 직업의 매우 우울해 보이는 구석에 왠지 마음이 끌렸다. 참고로 그 시점에 나는 소설의 저자가 정신과 의사라는 사실은 몰랐다.

그렇지만 막상 의학부에 입학하자 선배들 사이에서 정신과에 대한 평판은 그리 좋지 않았다. 한 선배는 격언을 가르쳐주었다. "내과 의사는 전부 알지만, 아무것도 못 한다. 외과 의사는 전부 할 수 있지만, 아무것도 모른다. 정신과 의사는 아무것도 모르고, 아무것도 못 한다."

처음 그 격언을 들었을 때는 좀 슬펐지만, 학년이 올라갈수록 '그럴 만도 하네.'라고 받아들일 수밖에 없었다. 해부학, 생화학, 생리학, 병리학, 약리학처럼 정밀한 기초적 지식과 식견이 뒷받침하는 내과학의 과학성을 의학의 한쪽 극단이라 한다면, 정신의학은 명백하게 그 반대쪽 극단이었다. 심지어 정신의학에는 주술이나 점술과 상통하는 괴이함까지 있었다.

정신의학을 수상쩍다고 느끼는 감각은 일반인에게도 있는 것 같다. 의대생 시절, 여름방학을 맞아 귀성했을 때 부동산업을 하는 아버지가 "졸업하면 어떤 과로 갈 거냐?"라고 물은 적이 있

• 加賀 乙彦,『フランドルの冬』筑摩書房 1967.

다. 나는 "정신과일까."라고 남 일인 양 대답했는데, 그때 아버지의 반응을 지금도 잊을 수 없다. "부탁이니까 의사가 돼야 한다." 즉, 아버지는 정신과 의사를 의사로 치지 않았던 것이다.

그렇지만 그런 악평들은 내가 변절할 이유가 되지 않았다. 오히려 바로 그 때문에 내게는 정신과가 안성맞춤이라고 생각하기도 했다. 왜냐하면 나는 줄곧 내가 의학부에 어울리지 않는 인간, 실수로 흘러든 외부인이라고 느꼈기 때문이다. 실제로 주위 학생들은 모두 강의에 열심히 참여하여 필기를 하고 적극적으로 교수에게 질문했다. 그런데 나로 말하면 입학하자마자 강의를 땡땡이치고 밤낮이 뒤바뀐 생활을 하고 있었다. 그런 사람은 동기 중에 나밖에 없었다. 아무리 생각해봐도 나는 가장 의사에 어울리지 않는 인간이었고, 그런 내가 있을 자리는 '의사이지만 의사로 여겨지지 않는' 정신과밖에 없을 것이라고 생각했다.

의학부에서 지낸 첫 4년 동안의 기억은 애매하다. 마지막 2년 동안은 병동 실습에 재수강에 졸업시험 등으로 정신없이 바빠서 '나는 의학부에 재적하고 있었다.'라는 기억이 선명하지만, 그 전의 기억은 짙은 안개 속의 풍경처럼 흐릿하기만 하다.

그중에 얼마 되지 않는 명료한 기억이 있는데, 역시 2학년 후반에 경험한 해부 실습이 떠오른다. 결코 열심히 공부했기 때문은 아니다. 실습에서는 자신이 해부한 부위를 상세하게 스케치하고 거기에 신경과 혈관의 라틴어 이름을 기입하여 제출해야 했는데, 나는 무려 친구가 스케치한 그림을 스케치하여 제출하는 어이없는 꼼수를 부렸다. 매우 완곡하게 말해도 열심과는 거리가 멀었다.

난생처음 직접 본 사체에 충격을 받았기 때문일까? 그것도 아니다. 물론 아무렇지 않았다면 거짓말이다. 실습 첫날에는 무척 긴장했었고, 해부 실습이 무서워서 의학부에서 도망쳤다는 프랑스 작곡가 엑토르 베를리오즈처럼은 되기 싫다고 기도했던 기억이 난다.

그렇지만 인간은 서글플 만큼 순응성이 뛰어난 생물인 모양이다. 불빛이 밝은 해부학 실습실에서는 5인 1조로 한 시체를 둘러싸고 해부학 도감과 대조하면서 시체를 해체했다. 수많은 혈관과 신경을 찾아서 각각의 라틴어 이름을 암기했는데, 그런 작업에 몰두하다 보면 신기하게도 감각이 마비되어버렸다. 심지어는 해부 실습을 마친 뒤 친구와 아무렇지 않게 고깃집에 가게 되었고, 밤늦게까지 남아서 작업하다 시체에 엎드려 얕은 잠을 자는 자신의 둔감함도 용서하게 되었다.

해부 실습으로 배운 것은, 아쉽지만 생명의 신비나 존엄 같은 것이 아니었다. 인체란 스크램블드에그 같은 지방 덩어리가 꽉 들어찬 고기 주머니라는 냉혹한 현실이었다. 누구든 간에 신체를 해체하면 할수록 그것이 일찍이 인간의 형태를 하고 있었다는 사실을 상상할 수 없게 된다. 대량의 지방과 벗겨져서 바싹 마른 가죽, 더 이상 어느 장기나 근육에서 유래한 것인지 알 수 없는 고기 조각…. 이런 것들의 대체 어디에 이 사람이 살아온 증거와 이 사람다움이 깃들까. 신체의 어디에 이 사람의 영혼이 있었을까. 짐작조차 할 수 없다.

그래도 '여기라면 뭔가 찾을 수 있을지 몰라.'라는 일말의 희망을 안고 뇌의 해부에 도전해보았다. 맨눈으로만 하지는 않았고, 뇌 조직을 얇게 잘라서 현미경으로 관찰하기도 했다. 하지만 아무리 들여다보아도 그 사람만의 독자적인 각인을 발견할 수는 없었고, 해부학과 조직학 도감에 실린 사진과 같은 것이 눈에 들어올 뿐이었다.

그런데 마지막의 마지막에 충격적인 반전이 일어났다. 그 일은 지금도 선명히 기억한다.

실습 마지막 날, 해체한 시체의 고기 조각과 뼛조각을 관 속에 담는데, 관 뚜껑에 적혀 있는 시신의 이름이 슬쩍 보였다. 그 순간, 뒤통수를 몽둥이로 얻어맞은 듯한 느낌이 들었다. 그와 동시에 시신을 경외하는 마음이 끓어올랐다.

호들갑스럽게 들릴지 모르지만, 그때 모든 것을 깨달은 것만 같다. 이름이야말로—고유명사야말로—그 사람이 살아온 증거라고 말이다. 누군가는 사랑하는 마음을 담아 불렀을 테고, 다른 누군가는 미워하며 욕하듯 불렀을 터인 이름. 수많은 관계와 이야기가 이름을 둘러싸고 있었을 것이다. 그래서 나는 생각했다. 신체의 특정 부위나 장기가 아니라 그런 관계와 이야기를 다루려면 대체 어떤 과의 의사가 되어야 할까.

내가 생각해도 참 기묘한 착상법이지만, 막연하지 않고 명확하게 정신과 의사가 되겠다고 뜻한 계기는 그 해부 실습 마지막 날이었다.

다만, 그런 뜻이 일직선으로 발전하여 현재까지 이어지지는 않았다. 실제로 그 뒤로 의욕이 시들어 좌절할 뻔한 적도 있었다.

의학부 5학년 때의 일이다. 정신과 임상 실습의 일환으로 나갔던 시내의 정신과 병원에서 마주한 광경은 너무나 강렬했다. 음울한 분위기의 낡은 병동, 병동에 가득한 특유의 악취, 클로르프로마진*의 부작용인 빛 과민증 때문에 검게 탄 환자의 피부, 혼잣말을 중얼거리며 배회하는 환자가 갇혀 있는 어둑어둑한 보호실, 병동에 출입할 때마다 필요한 열쇠… 그런 광경에 압도당했다.

• 최초의 항정신병 약물로 조현병과 조울증 치료 등에 쓰인다.

나는 자신감을 잃고 정신과 지망을 일단 보류했다. 해외의 영화에서 보았던, 빅토리아 왕조풍의 중후한 책상과 소파가 있는 사무실에서 조용히 환자의 이야기에 귀를 기울이며 정신분석을 하는 의사 같은 이미지는 적어도 일본의 정신과 의료에서는 현실이 아니었다.

지금 이 글을 쓰면서 깨달은 것이 있다. 내가 곧장 정신과에서 수련의 생활을 하지 않고 일단 '뇌'라는 하드웨어를 배우겠다고 우회로를 선택한 진짜 이유는 '역시 정신과는 안 돼.'라며 포기했을 때를 위한 보험이 아니었을까.

수련의 시절의 나는 '의사'가 되려고 필사적이었다. 뇌신경외과에서 수련한 반년은 틀림없이 그 욕구를 채워주었다. 다만, 수술 전후에 하는 수련의의 일이란 병동에서 의료적 평가와 전신관리를 하고 수술실에서 삭발을 하고 두개골을 여는 것 정도다. 두개골을 열어서 뇌가 노출되면 수술 부위에 현미경을 설치하고 그때부터는 집도의 홀로 기나긴 여정을 떠난다. 하지만 두개골을 닫을 때는 다시 수련의가 나선다. 그때 피부를 봉합하여 처치하는 법을 배우고, 아르바이트를 하는 병원에서 갓 배운 기술을 시험하여 확실히 몸에 익히는 것이다.

그렇지만 뇌신경외과에서 수련하는 동안 한 번도 사람과 마주한다는 느낌이 생생히 들지 않아서 계속 신경 쓰였다. 많은 환자들을 맡았는데, 누구 한 명 이름도 얼굴도 기억나지 않았던 것이다. 애초에 의식 상태를 확인하기 위해 이름 부를 때를 빼면 환자와 대화한 기억이 거의 없었다. 당연한 일이다. 대부분 환자가 깊이 잠든 상태였기 때문이다. 게다가 개두수술을 할 때는 삭발을 하고 수술 후에는 한동안 얼굴이 부어 있기 때문에 모든 환자의 얼굴이 비슷비슷해 보였다. 하지만 신기하게도 두부 CT나 MRI, 혈관조영술 등의 결과는 똑똑히 기억해서 '좌측 전두엽에 수막종이 있는 사람' '후하소뇌 동맥에 동맥류가 있는 사람' 등으로 금방 떠올릴 수 있었다. 즉, 그곳에는 관계도 이야기도 없었던 것이다.

신경내과에서 수련할 때는 교수 회진을 항상 기대하며 기다렸다. 교수는 작은 타진기(망치) 하나로 CT도 MRI도 없이 국소적인 출혈이나 뇌종양을 알아맞혔다. 그건 일종의 작은 쇼였다. 그 모습을 동경한 나는 실로 수많은 환자의 사지를 망치로 두드리고 다녔다.

그중에서도 신경심리학은 지적 호기심을 자극했다. 예를 들어 편측공간무시라는 현상이 있다. 그 현상은 뇌 우반구에 혈관장애가 생겼을 때 일어나는데, 시야의 좌측에 있는 것을 인식하지 못하게 된다. 이를테면 식탁에 요리를 차리면 오른쪽 절반만 손을 대고, 시계를 그리라고 하면 오른쪽 절반밖에 못 그린다. 집에서도 유난히 좌반신이 문과 모퉁이 등에 부딪친다. 그런데 흥미롭게도 환자는 자신이 좌측에 있는 것을 못 본다는 사실을 자각하지 못한다. 이것이 조현병 환자들에게서 보이는 '병식 결여'* 증상의 모델이 될 수 있지 않을까. 수련의에 불과했지만 그런 망상 같은 가설을 떠올려보기도 했다.

그래서 신경내과로 나아갈 마음이 들었느냐 하면, 그러지는 않았다. 수련의 시절 만난 신경내과 의사들은 모두 이상할 만큼 공부에 매진했는데, 좋게 말하면 박람강기였고 나쁘게 말하면 오타쿠였다. 매일 심야까지 남아서 영어 논문을 탐독했고, 환자를 보는 시간보다 문헌을 읽는 시간이 명백하게 길었다. 공부를 싫어하는 나는 '나는 못 해. 여기에는 내 자리가 없어.'라고 생각했다.

그리고 수련의 2년 차, 응급실에서 나는 아연실색했다. 내가 구성한 수련 계획이 실패까지는 아니라 해도, 바람직하지 않다는 사실을 깨달았기 때문이다. 내 계획은 지나치게 뇌에 편중되어 있었다. 순환기내과에서 수련한 사람은 심전도에서 정말 많은 정보를 읽어냈고, 마취과에서 수련한 사람은 능숙하게 기관

---

* 현재 환자임에도 자신이 병에 걸려 있다고 자각하지 않는 상태를 가리킨다.

내에 관을 삽입하고 중심정맥에 주사를 꽂았다. 그들은 어떤 긴급 사태에서도 환자를 '죽지 않게 하는' 기술을 익힌 것이다.

실제로 수련의 동료들은 뇌와 관련된 진료과에서만 수련한 나를 종종 놀렸다. "뇌가 제일 잘났다고 생각할지도 모르겠는데, 사람이 살아가는 데 가장 중요한 건 심장이야." "살아가는 기쁨의 원천은 누가 뭐라고 하든 바로 소화기라고."

맞는 말이었다. 수련의 기간의 4분의 3이 지난 무렵에 나는 의사로서 '한 가지 재주밖에 없는' 상황에 빠져 오도 가도 못하고 있었다.

물론 정신과로 나아간다면 문제는 없었다. 하지만 만에 하나 정신과가 나와 안 맞으면 어떻게 해야 할까? 깊은 잠에 빠진 환자의 들리지 않는 목소리에 귀를 기울이는 의사가 될까? 아니면 산더미 같은 문헌에 둘러싸인 오타쿠 의사가 될까?

정신과 수련과 병행하여 뇌신경외과 병원의 당직 아르바이트를 하면서 나는 갈 곳을 잃은 것 같다고 느끼고 있었다.

나는 구급대가 떠난 것을 확인하고 위세척을 시작했다. 여성 환자의 코로 삽입한 위관에 주사기로 생리식염수를 주입하고는 다시 주사기로 빨아들였다. 그걸 몇 차례 반복하여 위 속을 세정하는 것이다.

그런데 묘했다. 빨아들인 액체 속에는 소량의 잔여 음식물이 섞여 있을 뿐, 녹아내린 알약의 흔적이 보이지 않았다.

위관이 너무 가늘어서 알약이 통과하지 못한 듯했다. 그래서 더 두꺼운 관을 입으로 삽입하고 다시 위세척을 해보았다.

이번에는 알약이 나왔다. 단, 네 알 정도.

'어? 겨우 이거?'

나는 의아했고, 초조했다. 이걸로는 심각한 의식장애를 설명할 수 없다. 아니면 이미 알약 대부분이 위에서 녹아버린 걸까?

구급대가 가져온 게 생각나서 환자의 머리맡에 있었다는 진통제 상자를 살펴보았다. 그랬더니 진통제 다섯 상자에 알약이 대부분 남아 있는 게 아닌가.

이 환자의 의식장애는 급성 약물 중독 때문이 아닐지도 몰라. 이윽고 혈액 검사 결과가 나왔다. 시판 진통제를 과다 섭취했을 때 무서운 것은 간의 손상이다. 진통제에 함유된 아세트아미노펜은 양에 따라 간에 치명적인 피해를 입힌다. 다행히 환자의 간 기능은 정상이었다. 의식장애의 원인이 될 만한 전해질 이상도 없었다. 단, 어째서인지 백혈구가 증가하는 등 염증을 뒷받침하는 증거가 있었다.

대체 뭐지? 간호사에게 체온을 물어보니 38.8도라고 했다. 혼수 시에 토사물을 잘못 삼켜서 폐렴이 일어났나? 그렇다면 의식장애는 저산소 뇌증일까? 하지만 혈중 산소포화도는 78퍼센트, 혈액에 산소는 충분했다. 혹시 몰라서 흉부 엑스선 검사도 해보았다. 염증은 눈에 띄지 않았다.

그러면 발열의 원인은 뭐지? 뇌수막염일까?

손을 환자의 목 뒤로 넣어서 머리를 들어 올렸다. 뇌수막염이라면 머리와 함께 어깨도 끌려 올라올 만큼 목이 굳었을 텐데, 그것도 아니었다.

다시 한 번 망치를 들고 무릎 반사를 확인했다. 반사는 심하게 항진된 상태였다. 망치의 예리한 자루로 발바닥을 긁어보니 발가락들이 쭉 벌어지고 엄지발가락이 위로 치켜졌다. 바빈스키 반사•는 강한 양성이었다. 의식장애가 있으니 이런 병적인 반사가 나타나는 것도 부자연스럽지는 않지만, 그저 과다 복약만으로 이만큼 뚜렷하게 반사가 나타나는 건 드문 일이었다.

의식장애의 원인은 대체 뭘까?

더 고려해볼 수 있는 건 뇌염일까? 하지만 근거는? 뇌척수액을 조사해볼까?

뇌척수액을 검사하려면 요추천자라고 하여 등 쪽에서 허리뼈

• 프랑스 의사 바빈스키가 발견한 반사 현상으로 발바닥의 바깥쪽을 긁었을 때 엄지발가락이 올라가고 다른 발가락들이 부채꼴로 펼쳐지는 것을 가리킨다. 아기들에게서 흔히 보이고 병적인 증상은 아니지만, 성인의 경우에는 척추의 운동 신경에 이상이 있을 때 나타난다.

사이에 긴 주삿바늘을 찔러넣고 척수에 상처가 나지 않도록 수액을 채취하여 검사해야 한다. 당직 아르바이트 주제에 그것까지 할 필요는 없지 않을까 주저했지만, 뇌신경외과와 신경내과에서 실컷 해본 경험이 있었다. 틀림없이 잘할 수 있을 터….

다행히 요추천자는 한 방에 성공했고, 금세 바늘을 따라 역류하는 뇌척수액을 확인할 수 있었다. 뇌압이 살짝 올라서 본래 투명해야 하는 뇌척수액이 하얗게 탁했다. 나는 채취한 뇌척수액을 갖고 임상검사실로 가서 익숙하지 않은 손놀림으로 시약 염색을 했다. 현미경으로 들여다보자 나뭇잎 모양으로 갈라진 핵이 특징인 호중구(백혈구의 일종)가 다수 눈에 띄었다.

뇌염, 그것도 세균성 뇌염이다! 머리맡에 진통제가 여러 상자 있었던 이유는 아마도 요 며칠 동안 진짜로 두통이 극심했기 때문일 것이다.

어쨌든 작은 뇌신경외과 병원에서는 제대로 치료할 수 없었다. 주의를 기울이기 위해 점적주사로 항생물질을 투약하기 시작하고, 그와 동시에 대학병원으로 옮기기 위한 절차를 진행했다. 대학병원에서 수용하겠다는 연락을 받고는 나도 환자와 함께 구급차에 올랐다. 대학병원 의사에게 직접 경과를 보고할 셈이었다. 우연히도 대학병원에서 맞아준 의사는 내가 신경내과에서 수련했을 때의 지도 의사였다.

신경내과의는 "응, 응." 하고 고개를 끄덕이면서 내 보고를 들었다. 이윽고 무언가 떠올랐는지 초음파 검사기를 가져오더니 환자의 왼쪽 가슴에 프로브probe를 대고 심장의 움직임을 살펴봤다.

"역시 판막의 움직임이 이상하네."

신경내과의는 아마 세균성 심내막염이 먼저 있었고, 판막에 부착된 세균 덩어리가 혈류를 따라 뇌로 옮겨가서 뇌염을 일으킨 것 같다고 했다.

"그런데 이상하네. 선천성 심장질환이나 심장판막증이 전에 있었던 것도 아닌데."

신경내과의는 의아하다는 듯이 고개를 가로젓더니 나를 향해 말했다.

"원인이 뭐든, 수련의가 큰일을 해냈어. 보통은 사랑싸움 끝에 자살 소동을 벌였다고 결론짓고 정신과로 보냈을 거야. 거기서 그냥 놔둬서 죽든지, 아니면 심각한 후유증이 생겼을 테고. 잘도 뇌염을 눈치챘어. 너 좋은 신경내과의가 될 거야."

뇌염 소동 후에도 계속해서 목가적인 정신과 수련 생활이 이어졌다. 나는 날씨가 좋으면 환자와 병원 안을 산책했고, 비가 내리면 체육관에서 배드민턴이나 탁구를 쳤다.

물론 주말에는 당직 아르바이트를 했다. 정신과 지도 의사의 부탁을 받아 정신과 병원에서도 아르바이트를 해보았다. 한가로운 당직이었다. 저녁 식사 후에 회진을 돌고 나면 그 뒤로는 병동에서 부르는 일이 거의 없었다. 가끔 고령 환자가 넘어져서 두부에 외상을 입었다고 병동에서 연락을 했지만, 그럴 때는 뇌신경외과에서 갈고닦은 두피 봉합 기술의 도움을 받았다.

언제부터인지 정신과 지도 의사는 내게 '나르콜렙시'*라는 별명을 붙였다. 맨날 졸았기 때문이다. 나는 콘퍼런스가 시작하자마자 머리로 방아를 찧었고, 지도 의사가 새로운 환자를 진찰하는 자리에 배석해서도 꾸벅꾸벅 졸았다.

아무튼 당시에는 모든 게 모호했고, 짙은 안개 속에서 손으로 더듬거리며 헤매는 느낌이었다. 안개 때문에 안 보이는 건가, 눈을 감아서 안 보이는 건가. 머릿속으로 이런 선문답을 시작할 때에는 이미 잠에 빠져들어 있었다.

신체질환에는 짙은 실선으로 표시된 테두리가 있는 반면, 정신질환에는 그런 테두리가 없는 것 같았다. 정상도 이상도 전부한데 뒤섞여 있는 망막한 황야를 군사분계선 같은 잠정적인 점선으로 나누듯이 일단은 무리해서라도 진단 분류를 만들어내는

• 수면 발작증. 졸리지 않은데 갑자기 잠들거나 잠에서 깨어났는데 몸을 움직이지 못하는 등의 증상을 보인다.

느낌이었다. 심지어 점선으로 나눈 각각의 분류에 명확한 치료법이 있지도 않았다. 그래서 '90점까지 A 학점을 줄까, 85점까지 A 학점을 줄까?' 같은 논의와 본질적으로 다르지 않은 것 같았다. 더더욱 난처하게도 그 경계선의 위치는 의사에 따라 미묘하게 달랐고, 심지어는 전문학회에서도 몇 년에 한 차례씩 선의 위치를 바꿨다.

자꾸 조는 건 내 탓이 아냐. 나는 그처럼 어중간하게 자리 잡고 있었다.

심경의 변화는 느닷없이 닥쳐왔다.

수련의를 마치고 나아갈 진로를 정하지 못한 채 정신과 수련 생활이 후반전으로 돌입한 어느 날의 일이다. 외래 당직이었던 나는 첫 진료 환자의 예진을 담당하고 있었다.

환자는 20대 여성, 직업은 병원에 근무하는 임상병리사, 현재 내가 근무하는 대학병원의 신경내과에 입원 중이라고 했다.

"세균성 뇌염에 걸렸지만 조기에 행한 집중 치료 덕에 후유증 없이 회복했습니다. 하지만 그 뒤에 환자가 고백하여 다른 문제가 있음이 밝혀졌기에 귀 진료과의 진료와 치료를 청하고자⋯"

나는 신경내과에서 보낸 환자의 소개장을 읽고 깜짝 놀라서 고개를 들었다. 내 맞은편에 앉아 있는 환자는 분명히 그 여성 환자 같았다. 아르바이트를 하는 병원에서 처치했을 때는 이렇게 생김새가 반듯한 줄 몰랐다. 그는 나를 처음 만나는 사람으로 알았다. 당연한 일이다. 혼수 상태였으니 기억할 리가 없었다.

그 환자는 근무하는 임상검사실에서 세균배양검사를 한 시료를 폐기하지 않고 남겨두었다가 나중에 몰래 자신에게 주사하는 행위를 반복했다고 했다. 아마 그 때문에 세균성 심내막염에 걸렸고 나아가 뇌염까지 걸렸던 듯했다.

어째서 그렇게 위험한 행위를 하는 걸까? 전혀 이해할 수 없었다. 이유를 질문해도 환자 역시 설명할 수 없는지 지리멸렬하게 이야기할 뿐이었다. "죽고 싶은 건 아니고, 병에 걸리고 싶은 것도 아니에요. 그저, 뭐라고 할까요, 제 피를 더럽히고 싶다고 할지…." 이렇게 말끝을 흐리며 고개를 숙이고 입을 다물었다.

마트료시카, 아니면 마스크를 여러 장 겹쳐 쓴 복면 레슬러라고 비유하면 될까. 겉보기로는 약물 과다 복용이라는 '마음'의 문제인 줄 알았지만, 실은 뇌염이라는 '뇌'의 문제였다. 하지만 더욱더 깊은 곳에는 자신의 건강을 고의로 해치지 않으면 견딜 수 없는 다른 '마음'의 문제가 도사리고 있었던 것이다.

나는 그의 이야기에 주의 깊게 귀를 기울였다. 나중에 지도 의사는 예진을 너무 오래 했다고 잔소리를 했지만 귀중한 정보를 얻은 점은 호평해주었다.

지면에 자세히 쓸 수는 없지만, 그 환자가 들려준 것은 폭력과 고통의 역사였고, 훗날 내가 정신과 의사로서 주목하고 대치하게 되는 트라우마에 관한 이야기이기도 했다. 하지만 당시의 나는 상상력의 범위를 뛰어넘은 이야기에 '정말 그렇게 잔인한 일이 일어난다니.' 하고 할 말을 잃어버릴 정도였다.

그리고 반드시 강조해야 하는 것이 있다. 뇌염이 일으키는 불꽃 같은 열도 환자의 뇌에 봉인된 비극의 기억을 태워 없애지는 못했다는 사실이다.

그날 저녁, 신환자 콘퍼런스에서 내 예진에 이어 정식으로 진찰한 정신과 지도 의사는 '인위성 장애'*라는 진단명으로 그 환자를 소개했다. 나중에 나는 지도 의사에게 따지고 들었다. 왜 그런 사기꾼 같은 진단명이냐고. 지도 의사는 다음처럼 답했다.

"진단 기준으로 비추어 보면 그렇게 표현할 수밖에 없으니까 편의상 그 진단명을 붙였을 뿐이야. 하지만 그런 이름에 대단한 의미는 없어. 환자의 삶이라고 할까, 고통으로 가득한 인생의 이야기를 이해하면 충분히 곁에서 지지해줄 수 있어."

---

* 신체적인 징후나 증상을 인위적으로 만들어내어 관심과 동정 등을 유도하려 하는 정신과적 질환이다.

내 속에서 그 말이 되살아났다. "정신질환은 세 개밖에 없어. 우는소리랑 허튼소리랑 잠꼬대." 그 짐짓 악한 척하는 말은 즉, 세세한 진단에 얽매이지 말고 환자의 이야기에 제대로 귀를 기울이라는 의미가 아닐까?

내가 목표하는 방향은 정신과가 틀림없다고 확신했다. 그것이 콘퍼런스에서 정식으로 논해지는지는 제쳐두고, 이름을 둘러싼 관계와 그 관계가 자아내는 이야기에 관여하려면 아무래도 정신의학계의 어딘가에서 자리를 찾아야 할 듯했다.

며칠 뒤, 나는 뇌신경외과의 지도 의사를 만나러 갔다. 정신과 의국에 들어간다고 보고하고 이제 수련의를 마치기에 당직 아르바이트 자리를 반납하겠다고 전했다.

지도 의사는 말없이 고개를 끄덕인 다음 나를 보지 않고 질문했다.

"공부가 되었어?"

"네, 굉장히 많이."

당직을 마친 지도 의사의 수염이 덥수룩한 얼굴을 똑바로 쳐다본 나는 깊이 머리를 숙여 인사했다.

의사는 왜 처방을 해버리는가

○

예전에 존경하는 베테랑 여성 심리사가 내게 이렇게 말했다.

"정신과 의사는 약을 내주니까 아무리 시간을 들여도 심리 요법이 잘 통하지 않는 거야."

그는 언제나 정신과 의사에게 엄격했는데, 그 의견도 그런 맥락에서 벗어나지 않았다. 나는 "그렇죠…."라고 모호하게 말을 흐릴 수밖에 없었다.

확실히 맞는 말이었기 때문이다. 정신과 의사는 "그럼 약을 조정해볼까요." "약을 추가하죠." 이런 말로 진료실에서 하는 출구가 보이지 않는 대화를 강제 종료한다. 문제는 아무것도 해결되지 않았다. 의사로서 긍정적인 자세를 잃지 않았다는 걸 환자에게 보여주면서 그저 시간을 벌 뿐이다. 그런 대화를 지금껏 몇백, 아니, 몇천 번 해왔던가.

나는 일본의 정신과 의료를 '더 드리프터즈ザ·ドリフターズ 외래'라고 평했던 적이 있다. "밤에 잘 잤어? 밥은 먹었고? 이는 닦았지? 그럼, 다음 주…." 차례차례 환자를 진료실에 불러들여 몇몇 질문을 던지고 내보내는 의사. 이런 정신과 의료의 상황을 더 드리프터즈의 대표 프로그램 「8시다! 전원 집합」의 마무리 대사에 빗대어 '더 드리프터즈 외래'라고 했던 것이었다.

그건 비판인 동시에 자학이기도 했다. 변명을 한다면, 모든 환자를 그렇게 진료하지는 않는다. 하루에 50명 정도 진찰한다면, 그중 몇 할을 '더 드리프터즈 외래' 같은 식으로 재빨리 해치우느냐에 따라 그날 중증 환자에게 할애할 수 있는 시간과 에너지가 결정된다. 그러니 환자에 따라 완급을 주며 진료를 보는 것은 업무 관리상 어쩔 수 없는 일이다.

그렇지만 완급 조절은 결코 쉽지 않다. 의사에게는 환자가 그날 보는 50명 중 한 명이라 해도, 환자에게 주치의는 한 명뿐이

• 더 드리프터즈는 일본의 국민적인 코미디 그룹으로 1960년대 말부터 1980년대까지 전성기를 보냈으며, 지금도 큰 인기를 얻고 있다. 「8시다! 전원 집합」은 항상 더 드리프터즈의 멤버가 "감기 조심해." "목욕하고 자." "숙제 빼먹지 마." "양치질 잘해." 등의 당부를 시청자에게 하고 "그럼 다음 주에!"라며 방송을 마쳤다.

기 때문이다. 심지어 환자는 2~4주라는 시간을 기다리며 한껏 부푼 기대를 안고 진료실에 도착한다. 그런데 의사가 평균적인 재진료 환자에게 들일 수 있는 시간은 5~10분에 불과하다. 환자가 겪는 문제의 대부분은 미해결인 채 나중으로 밀린다.

그럴 때 오늘은 이쯤에서 창을 거두자, 일단 병사들을 후퇴시키자, 하는 뜻으로 나도 모르게 하는 말이 "약을 조정해볼까요." 인 것이다. 다르게 비유하면, 그 말은 격렬한 펀치를 견디지 못한 복서가 반사적으로 상대를 끌어안는 것과 비슷하다.

단언할 수 있는 것이 있다. 나는 약을 전혀 처방하지 않는 정신과 의사가 될 수 없다는 것이다. 당연하지만 쓸데없는 처방은 가능한 지양해야 한다고 생각하고, 애초에 나는 약물 의존증 치료가 전문이기에 환자에게 약을 내주기보다는 약을 끊게 하는 경우가 많다.

그럼에도 역시 약을 전혀 사용하지 않을 수는 없을 것 같다.

어째서일까.

여기부터 시작하자. 처방약에 대한 이야기다.

정신과 의사로서 어떤 환자를 가장 좋아하냐고 묻는다면, 나는 망설이지 않고 '각성제 의존증 환자'라고 답할 것이다. 결코 범죄 행위를 긍정할 셈은 아니지만, 법이 정한 선을 넘은 그들에게는 알코올이나 처방약, 시판약의 의존증 환자에게는 없는 특유의 깔끔함, 시원함이 있다.

약 10년 전, 나는 "각성제 의존증?"이라며 표정을 찌푸리는 병원 간부의 염려를 외면하고 현재 소속된 시설에 약물 의존증 전문외래를 개설했다. 말 그대로 '내가 좋아하는 각성제 의존증 환자를 실컷 진찰하고 싶다.'라고 바랐기 때문이다.

그렇지만 막상 진료를 시작하자 기대를 살짝 벗어난 사태와 직면했다. 확실히 각성제 의존증 환자들이 많이 진료를 받으러 왔지만, 그들은 전체의 절반에 불과했던 것이다. 나머지 절반의 대부분은 처방약(그중 태반이 에티졸람, 플루니트라제팜, 트리아졸람, 졸피뎀 등 벤조디아제핀계 약물로 분류되는 수면제와 항불안제다. 이 책에서는 줄여서 '벤조계'라고 부르겠다.) 의존증 환자였다.

당시 벤조계 의존증 환자는 약물 의존증 외래의 신흥 세력이었는데, '전통적인 일본의 남용 약물'인 각성제 의존증 환자와 비교하면 다른 점이 여럿 있었다. 이를테면 학력이 높고, 범죄 경력이 적은 등 일반적인 사람과 생활 배경이 다르지 않았으며, 무엇보다도 약물 의존증과 더불어 우울증이나 불안장애 같은 정신장애가 함께 있는 사람이 무척 많았다.

가장 주목해야 하는 특징은 의존이 형성되는 심리 기제였다.

각성제 의존증 환자는 '자극을 원해서'(친구나 연인이) 권유해서' 등 자극이나 쾌락을 추구하는 동기, 아니면 타인과 친밀한 관계를 계기로 남용을 시작하는 경우가 많은 데 비해 벤조계 의존증 환자는 '불면과 불안을 줄이기 위해서' '우울한 마음을 개선하기 위해서' 같은 의도로 혼자 사용하기 시작하는 게 특징이었다.

이것은 두 가지 중요한 사실을 시사한다. 하나는 벤조계 의존증 환자는 결코 '쾌감'을 원해서 약물을 남용하지 않으며 어디까지나 '고통 완화'를 위해 약물을 남용한다는 사실이다. 이 말은 설령 쾌감이 없어도 고통 완화라는 작용만 있으면 사람은 의존증에 걸릴 수 있다는 것을 의미한다. 아니, 쾌감이라면 질릴 수 있지만, 고통 완화는 질릴 리가 없다. 자신이 계속 자신으로 있기 위해 그만둘 수 없는 것이다.

또 다른 하나는 '고통 완화'를 해주는 약물을 처음 제공하는 인물이 정신과 의사인 경우가 많다는 사실이다. 실제로 내가 한 조사에 따르면 벤조계 의존증 환자의 48퍼센트는 우울증 등을 치료하는 과정에서 의존증이 발병했다.

고민스러운 문제다. 왜냐하면 의사의 임무는 말할 것도 없이 환자의 고통을 덜어주는 것인데, 임무에 충실하려 하는 선의 때문에 환자가 의존증에 걸린다는 뜻이기 때문이다.

의존증에 빠지는 기제는 제쳐두고, 벤조계 의존증 환자를 치료하는 과정에는 대단히 손이 많이 간다. 적어도 각성제 의존증 환자의 두 배는 손이 간다고 해도 무방할 것이다.

그 이유는 세 가지다.

첫 번째 이유, 다른 정신장애 탓에 정신과 치료약을 전부 끊는다는 선택지를 택할 수 없다는 것이다. 보통 벤조계 약물을 비교적 의존성이 적은 다른 약(항정신병 약물이나 항우울제)으로 바꿔서 정신장애 증상을 제어하려고 시도하지만, 부작용 때문에 그러기 어려운 경우도 있다. 그럴 때는 벤조계 약물을 허용량 이하로 줄인 다음 의사의 관리를 받으며 계속 복용하는 선택지를 택할 수밖에 없다.

이 치료 목표가 얼마나 기묘한지는 문외한도 알 수 있을 것이다. 가령 알코올 의존증 환자에게 '소주는 끊고 맥주만 마시세요.'라고 한다든지 각성제 의존증 환자에게 '각성제는 주사 말고, 가열 흡연으로만 사용해주세요.'라고 지시하는 치료를 상상할 수 있겠는가. 그런데 벤조계 의존증 치료에서는 때때로 그렇게 해야 한다.

두 번째 이유, 입원이 필요하다는 것이다. 의외라고 여길지 모르지만, 전형적인 각성제 의존증 환자의 치료는 외래 통원만으로 충분하다. 각성제는 이탈 증상*이 거의 없기 때문이다. (그만큼 좀처럼 '질리지 않는다'는 문제가 있지만.) 그런데 벤조계 약물은 연속 사용으로 내성이 쉽게 생기고, 남용 기간이 긴 경우에는 갑자기 중단했다가 심각한 이탈 증상을 겪기 쉽다.

실제로 전형적인 벤조계 의존증 환자는 벤조계 알약을 말 그대로 사탕처럼 매일 수십 알씩 입 속에 털어 넣으며 생활한다. 만약에 그런 상태인 사람이 자기 맘대로 약을 끊으면, 높은 확률로 뇌전증 발작 같은 위험한 이탈 증상이 나타날 것이다. 그래서 약을 줄이는 건 입원한 다음에 의학적인 관리를 받으며 해야 한다. 구체적으로는 지금껏 복용했던 벤조계 약물과 같은 양을 좀 더 혈중 반감기가 긴 '둔한' 벤조계 약물로 교체하고, 나아가 전부 가루약으로 만들어서 조금씩 신중하게 양을 줄이는 것이다.

그리고 마지막 세 번째 이유, 다른 의료기관과 조정을 해야 한다는 것이다. 전형적인 벤조계 의존증 환자는 평균 열두 곳의 의료기관에 통원한다. 주 3회 서로 다른 의료기관에 가서 매번 한 달 치 처방을 받아내고, 그다음 주에는 다시 다른 의료기관 세 곳에 간다. 그런 일을 한 달 동안 네 차례 반복한다. 정말로 다망한, 말 그대로 '약물 위주의 생활'이라고 할 수 있다.

• 약물 효과에서 벗어나며 겪는 증상. 커피를 꾸준히 마시던 사람이 하루 이틀 끊고 느끼는 두통 역시 이탈 증상이다.

입원한 동안에 그처럼 '딜러' 같은 의료기관과 연을 끊어두는 것이 대단히 중요하다. 입원해서 간신히 약을 줄여도 퇴원 후에 다시 다른 의료기관에서 처방을 받아버리면 그야말로 아무것도 남지 않는다. 그런 사정 때문에 환자에게 약물을 구하는 의료기관을 알려달라고 하고, 환자의 허가를 받은 다음 "해당 환자는 벤조계 의존증으로 현재 치료 중입니다. 앞으로 귀 기관에서 진료를 받아도 절대로 벤조계 약물을 처방하지 마시길 요청드립니다."라고 의료기관에 부탁하는 편지를 보낸다.

외래에서 처방할 수 있는 허용량 내로 약을 줄이면, 드디어 치료를 입원에서 통원으로 전환할 수 있다. 처방은 여전히 가루 약으로 하지만, 보통은 유당 분말로 약봉지를 부풀려서 과다 복용을 하기 어렵게 처리하고, 더욱 천천히 약을 줄여 나간다.

이런 식으로 벤조계 의존증 치료는 세세하게 손이 많이 간다. 참고로 내 지인 중 벤조계 의존증 치료를 수없이 해본 전문의는 약을 줄이는 과정을 '벤조 청소'라고 부른다. 그 말을 하며 그가 지은 진저리 난다는 듯한 표정이 아직도 기억에 선명하다.

벤조계 의존증 환자는 2000년 이후, 약물 의존증 임상에서 눈에 띄기 시작했는데, 20세기를 마무리하던 그해는 여러 의미로 정신의학에 분기점 같은 해였다고 생각한다.

한 가지는 새로운 항우울제가 등장한 것이다. 1999년 최초로 선택적 세로토닌 재흡수 억제제SSRI인 플루복사민이, 그리고 뒤이은 2000년에는 파록세틴이 일본에 출시되었다. 기존의 삼환계 항우울제와 비교해 부작용이 적었기에 정신과 의사들은 전보다 마음 편히 항우울제를 처방할 수 있게 되었다. 그 뒤로는 이미 많은 이들이 지적했듯이 제약회사가 "우울증은 마음의 감기"라는 카피로 신약 홍보를 하여 정신과 진료에 대한 저항감을 완화했다. 그 덕에 정신과 의료 이용자의 저변이 눈에 띄게 확대되었다고 어렵지 않게 예상할 수 있을 것이다. 항우울제와 벤조계 의존증 문제를 관련짓는 걸 의아하게 여길지도 모르지만, 항우울제와 함께 벤조계 약물을 처방하는 정신과 의료의 낡은 습관이 무시할 수 없는 영향을 미쳤다고 생각한다.

또 하나, 바로 전해인 1999년에 자살한 블로거이자 전설적인 자해 행위자인 난조 아야*의 유고집 『졸업식까지 죽지 않겠습니다』**가 2000년에 출간된 것도 무시할 수 없는 영향을 미쳤다고 개인적으로는 생각한다.

• 불안정한 어린 시절과 학교 폭력의 영향 탓에 만성적으로 손목을 긋고 정신과의 폐쇄병동에 입원하기도 했던 난조 아야는 자신의 정신병 관련 경험을 인터넷에 공개했다가 큰 호응을 얻었다. 비슷한 어려움을 겪는 젊은 층이 난조 아야를 지지하여 팬클럽까지 만들어졌지만, 난조 아야는 고등학교를 졸업하고 얼마 지나지 않아 약물 과다 복용으로 자살했다.
•• 南条 あや, 『卒業式まで死にません』新潮社 2000.

난조는 그 책에서 정신과 의료 이용자로서 자신의 경험을 적나라하게 기록했고, 여러 치료약의 복용감을 생생하게 묘사했다. 그 내용을 보면 '항정신병 약물 소믈리에'라고 평하고 싶을 정도다.

이 책에 수많은 청년들이 지지를 보냈고, 마찬가지로 손목을 긋는 자해 행위를 반복하는 난조 아야의 팔로워(대부분 젊은 여성)들이 정신과 외래로 밀려들었다. 실제로 나 역시 당시에 "이 책 읽으셨어요?"라는 환자의 질문 공세를 받은 게 한두 번이 아니다.

참고로 그 여성 환자들 대부분은 자해 행위와 약물 과다 복용 같은 자기 파괴적 행위를 되풀이했다. 그럼에도 불구하고 그들에게서는 의아할 만큼 경계성 성격장애 특유의 타인을 뜻대로 하려 드는 조작성이 느껴지지 않았다. 또한 그들은 전이와 역전이* 감정이 뒤엉켜 소용돌이치는 의사와 환자의 관계와 전혀 상관이 없었다.

아마도 그 여성들은 정신과 의료와 의사에 아무런 기대도 하지 않았던 것 같다. 손목을 긋는 것과 마찬가지로 누구도 번거롭

• 전이란 피상담자가 치료 과정에서 상담자에게 부모, 배우자, 자녀 등에게 느끼는 듯한 특정한 감정을 느끼는 것을 가리키고, 역전이는 그 반대로 상담자가 피상담자에게 특정한 감정을 느끼거나 피상담자가 자신을 향해 전이한 감정과 얽혀 반응하는 것을 가리킨다.

게 하지 않고 어디까지나 홀로 '마음의 고통'을 가라앉히기 위해 난조 아야가 책에서 소개한 벤조계 약물을 입수하려 했던 것이다. 그런 점에서 그들은 '사람에게 의존하지 못하는' 사람, '무언가 사물에만 의존할 수 있는' 사람이었다.

어찌 되었든 이런 변화는 의존증 외래에 벤조계 의존증 환자를 증가시켰을 뿐 아니라 응급의료 현장에도 약물 과다 복용 환자를 증가시켰고, 그 때문에 정신과는 응급의학과의 빈축을 사게 되었다. 왜냐하면 응급실에 이송된 약물 과다 복용 환자의 거의 전부가 정신과에 통원 중이었기 때문이다. 실제로 한 응급의학과 의사가 내게 다음과 같은 말을 내뱉은 적이 있다. "나는 정신과 환자를 싫어하지만, 정신과 의사는 더 싫어."

정신과 의사는 명백히 시대의 변화에 뒤처지고 있었다. 정신의학의 중심에는 여전히 조현병이 자리하고 있었고, 그 때문에 치료론에서는 툭하면 '일단 약물 요법부터'라고 했다. 그와 같은 임상 현장에서 정신과 의사가 실력을 발휘할 수 있는 순간이라고는 병에 걸렸다는 자각이 결여되고 피해망상의 영향으로 극단적인 시기와 의심이 있는 조현병 환자에게 결코 강제하지 않고 약을 먹도록 설득하는 것밖에 없었다.

그래서 신출내기 정신과 의사들은 교외의 정신과 병원에서 조현병 치료를 수행하며 '약 먹이기 기술'을 갈고닦는 데 최선을 다했는데, 그런 열의와 비교하면 약물을 끊게 하는 법에는 놀라울 만큼 무관심했다. 아마도 조현병은 만성 질환이며 평생 동안 치료약을 복용해야 한다는 사고방식을 대부분의 정신과 의사가 의심 없이 고수했기 때문일 것이다.

그리고 20세기의 마지막이 가까워질 무렵, 수행을 마친 정신과 의사들은 교외의 정신과 병원에서 낙하산을 메고 뛰어내려 대거 대도시의 전철역 지하에 착지한 다음 '멘탈 클리닉'이라는 가게를 열기 시작했다.

하지만 불행하게도 그들이 갈고닦은 기술은 이미 환자들의 상태와 어울리지 않는 것이었다. 외래에 밀어닥친 건 조현병 환자가 아니라 지금껏 정신과 의료에 접근하지 않았던 사람들이었기 때문이다. 그들 대부분은 일의 문제, 가족 관계의 문제, 얼기설기 복잡한 연애 고민 등, 약만으로 해결할 수 없는 문제를 안고 있었다. 그런 상황에서 의사가 자랑스러운 '약 먹이기 기술'만 발휘한다면 어떤 결과가 일어날까. 생각해보면 알 수밖에 없을 것이다.

특히 트라우마가 있는 환자는 그런 치료로 심각한 해를 입었다. 확실히 처음 벤조계 약물을 쓰면 트라우마와 관련한 불안, 공포, 과각성에 극적인 효과가 나타난다. 하늘 가득히 드리운 먹구름이 산산이 흩어지고 단숨에 맑은 하늘이 출현하는 듯한 해방감과 안도감을 체험하면, 환자는 단 한 차례도 그 약을 거르려고 하지 않는다.

그렇지만 그 뒤가 지옥이다. 약리학에서도 설명하지 못하는 속도로 눈 깜짝할 사이에 내성이 생겨 복용량이 눈덩이처럼 늘어나는 것이다. 심지어 약을 줄일 기회는 한 번도 찾아오지 않는다. 멍하니 있는 사이에 환자는 벤조계 알약을 하루에 수십 알씩 입에 털어 넣는 상황에 빠져들고, 결국 약물 의존증 전문병원 또는 응급실에 등장하는 지경이 되고 만다.

당시 내가 안타깝게 생각했던 것이 있다. 의료 행위에서 비롯된 약물 남용에 대해 '인격장애'라는 굴욕적인 딱지를 붙여 환자에게 책임을 떠밀고, 나아가 그런 환자를 치료에서 배제하려 했던 정신과 의사가 적지 않았다는 것이다.

한때 나는 정신과 의료가 벤조계 의존증을 만들어내는 사태를 우려해 학회와 연수회 등에서 기회가 있을 때마다 정신과 의료의 안이한 벤조계 약물 처방에 맹렬히 경종을 울리려고 노력했다. 2010년 전후의 일이다. 그때 자주 사용한 표현이 "정신과 의사는 백의를 걸친 딜러"라는 것이었다. 그건 신출내기 시절에 다르크의 시설장이 내게 가르쳐준 말이다.

지금 돌이켜보면 너무 자극적인 카피였다고 반성하게 된다. 나는 업계의 강한 반발을 샀고, 출신 의국 선배가 질책하는 것은 물론 동업자들로부터 분노에 찬 전화와 편지가 쇄도했다. 당시 나는 신변의 위협을 느껴서 농담이 아니라 정말로 통근할 때 전철역의 플랫폼에서 되도록 기둥을 등지고 서는 등 주의를 기울였다.

그나마 미디어는 관심을 기울이고 다루어주었다. 하지만 그런 기사는 종종 임상 현장에 혼란을 일으켰다.

하필이면 치료를 위해 벤조계 약물이 꼭 필요한 사람들이 '의존증이 무섭다'는 이유로 복용을 중단했고, 정작 벤조계 약물을 남용하는 사람은 수치스럽다는 이유로 의존증 전문치료에서 멀어졌기 때문이다.

취재하는 쪽도 선입견이 너무 강했다. 기자들은 한결같이 "왜 일본의 정신과 의료는 이토록 약물 요법에 편중되어 있을까요?"라고 질문하고는 내 답을 기다리지도 않고 "역시 돈벌이 때문일까요?"라고 엉뚱한 예상을 늘어놓았다. 하지만 그렇지 않다. 솔직히 말해서 정신과 의료의 수익에서 처방료는 미미한 수준에 불과하다. 진실은 그와 정반대에 있다.

일본의 정신과 의료에서 약물 요법 편중 현상이 일어나는 이유는, 약이 가장 저렴한 데다 시간을 잡아먹지 않기 때문이다.

나는 예전에 법정신의료 병동에 관여했던 적이 있다. 그 병동은 살인과 살인 미수 등의 중대한 상해 사건을 일으켰으나 심각한 정신장애 탓에 심신상실·미약자로 분류되어 형사사법 시스템의 울타리 밖에 놓인 사람들의 전문치료시설이다. 그런 처우 제도의 시비에 관해서는 다양한 의견이 있지만, 그 병동에서 이뤄진 시도 자체에는 대단히 중요한 배울 점이 있다.

병동에는 충분히 많은 의료 스태프가 있었고, 한 명의 환자에 담당 의사, 간호사, 심리사, 사회복지사, 작업치료사*가 붙어 있었다. 그처럼 여러 직종이 한 팀을 이뤄서 치료를 진행하는 것이다. 또한 병실은 모두 1인실로 개인적 공간이 충분히 확보되는 구조의 병동이었다.

내가 그곳에서 경험한 것은 처방의 '묘미'였다. 그 병동에 입원한 환자들이 받는 처방의 내용은 치료약의 종류와 양이 모두 적었다.

결코 증상이 가벼운 환자들은 아니었다. 보통은 고심참담하게 되는 '더러운' 처방, 즉, 여러 종류의 약을 대량으로 처방하는 요법에 빠질 수밖에 없을 텐데, 어떻게 그랬을까.

• 신체 또는 정신에 장애가 있는 사람에게 의미와 목적이 있는 일을 시켜서 일상생활과 사회생활에 복귀할 수 있도록 치료하는 일을 한다.

숙련된 인력의 풍부함, 그리고 환경의 쾌적함 덕에 확실히 처방하는 약을 줄일 수 있었을 것이다. 그처럼 융숭한 의료 체제가 실현될 수 있었던 것은 정부가 그 법정신의료 병동에 막대한 예산을 투입했기 때문이다. 같은 일을 일반적인 정신과 의료와 지역의 정신건강복지 서비스에서 실현하려면 의료에 할애하는 국가 예산을 큰 폭으로 늘리고, 현재의 '박리다매형' 의료 자체를 근본적으로 개혁해야만 한다. 그런 점을 고려하면 정부에서도 의료 서비스 자체를 고려해야 하는 커다란 문제를 단순히 벤조계 약물이라는 화학물질만의 문제로 축소해서는 안 된다고 생각한다.

알리고 싶은 사실이 있다. 2006년 미국에서는 '메디케이드Medicaid'라는 저소득층과 장애인을 위한 의료보험 시스템의 보조 대상 약제에서 벤조계 약물을 제외하는 대담한 제도 개혁이 이뤄졌다.

하지만 그 결과 퍽 얄궂은 일이 일어났다. 벤조계 약물의 처방은 분명히 줄어들었지만, 그 대신 더욱 값비싼 항우울제와 항정신병 약물의 처방이 증가해서 의료비가 늘어난 것이다. 그와 더불어 고령자가 넘어져서 대퇴골 경부 골절이 일어나는 사례가 증가했다고 한다. 이런 사태를 마주한 메디케이드는 2013년 다시 벤조계 약물을 보조 대상에 포함시켰다.

즉, 특정한 약제의 처방을 금지한다고 해서 '불면'과 '불안'을 치료하고자 하는 환자의 요구가 사라지는 것은 아니라는 말이다. 결국은 대체 약물이 필요한 것이다. 벤조계 약물은 항우울제나 항정신병 약물보다 기립성 저혈압과 약물 유발성 파킨슨 증후군을 일으킬 위험성이 현저히 낮아 넘어지기 쉬운 고령자에게 더 나은 점도 있다.

나쁜 것은 약이 아니라 사용 방법이다.

오늘날, 그럭저럭 경험과 지식이 있는 정신과 의사라면 남용 위험성이 높은 환자에게는 애초에 벤조계 약물 처방을 피할 것이다. 실제로 알코올이나 약물 의존증이 있는 환자, 자해 행위와 약물 과다 복용 등 충동 제어에 문제가 있는 환자에게는 벤조계 약물을 처방하지 않는다는 정신과 의사가 많다.

그렇지만 그토록 주도면밀하게 주의해도 정신과 의료에서 벤조계 의존증 발생을 아예 없애기란 불가능한 것 역시 사실이다. 나는 의사가 되고 얼마 지나지 않아 담당했던, 우울증이 있던 중년 여성 환자의 일을 아직도 잊을 수 없다.

기품이 느껴지는 부인이었다. 초진을 해보니 의욕 저하와 우울감을 인정할 수 있었고, 그 증상은 아침에 최악이다 저녁에는 조금 개선되는 전형적인 주간 기분 변동을 보였다. 수면장애 역시 오전 3시에 각성해서 아침까지 잠깐 졸지도 못하는, 우울증 특유의 조기 각성 패턴이었다.

나는 항우울제와 수면제를 처방했다. 우울증 치료를 시작하는 시기에 항우울제와 더불어 벤조계 수면제를 처방하는 '기술'은 당시의 지도 의사가 가르쳐준 것이었다. 항우울제는 효과가 나타나는 데 2~4주 정도 시간이 필요하다. 그 애타는 시간 동안 환자가 정신과 치료에 실망해서 치료를 중단하지 않도록 즉효성이 있는 수면제를 활용해 치료 관계를 유지하려는 것이다.

그렇지만 때로 이 방식은 곤란한 문제를 일으킨다. 수면제만 복용하고 항우울제는 복용하지 않는 환자가 나타나는 것이다. 마치 장난감이 든 과자에서 사은품에 눈이 멀어 내용물을 다 먹지도 않았는데 새로운 과자를 사려고 하는 아이처럼.

치료를 시작하고 두 달 정도가 경과했고, 환자의 상태는 맥 빠질 만큼 완연히 개선되었다. 나는 '역시 내인성의 특징이 있는 우울증은 항우울제에 잘 반응하네.'라고 혼자 만족스러워했는데, 그러던 어느 날 환자가 "실은"이라며 고백을 해왔다.

듣자니 그는 항우울제를 한두 번 복용했을 뿐 갈증과 변비가 악화되는 것 같아서 바로 복용을 중단했다는 것이 아닌가. 즉, 항우울제 덕분에 쾌유한 것이 아니었다.

그는 단호하게 말했다.

"저는 잠만 제대로 자면 기분이 처지지 않는 모양이에요. 선생님께서 말씀하신 우울증과는 다른 것 같아요. 그러니까 늘 주시던 수면제만 처방해주세요."

설득당하지 않겠다는 강한 결의가 느껴졌다. 기세에 압도된 나는 "만약 나중에 우울증 증상이 재발하면 그때는 반드시 항우울제를 복용하겠다"는 약속을 맺는 게 최선이었고, 환자의 뜻대로 해줄 수밖에 없었다.

그 뒤로는 그다지 말도 나누지 않은 채 관성적인 'DO 처방'(똑같은 처방 내용을 반복하는 것)으로 수면제를 내주는 치료 관계—마치 사이가 냉랭해진 부부처럼 가깝지만 먼 관계—가 1년 여 동안 이어졌다. 정신 상태는 계속 안정된 듯이 보였다. 이 정도로 안정되어 있으면 더 이상 수면제는 필요 없지 않을까. 그래서 약을 줄이자고 제안한 적도 있지만, 소용없었다. 진료 상황에서 의사의 손을 번거롭게 하지 않는 환자였지만, 그 한 가지 점에 있어서는 완고히 양보하지 않았다.

뭐, 괜찮을까. 허용량 내의 벤조계 약물로 만족스럽게 수면하고 있고, 일상생활에도 지장이 없으니 의사가 이러쿵저러쿵할 필요는 없겠지. 그렇게 생각했다.

그렇지만 벤조계 의존증은 그처럼 '손이 가지 않는' 환자들에게 게릴라처럼 발생하는 경우가 있다. 그렇다. 실제 임상에서는

"똑같아요. 늘 주시던 약으로 부탁드려요."라는 틀에 박힌 발언만 하고 아무리 진료 시간이 짧아도 불만을 전혀 내보이지 않는 환자가 가장 방심할 수 없는 복병인 경우가 있는 것이다.

치료를 시작하고 10년 가까이 지난 어느 날, 평소에는 혼자 내원하던 환자가 그날따라 가족—남편과 아이, 시부모까지 거의 일가 총출동이었다—을 동반하여 찾아왔다.

'뭔가 큰일이 있었나 본데….'

나는 긴장하고 자세를 고쳤다.

아니나 다를까 환자가 약 1년 전부터 연일 벤조계 약물을 과다 복용했고, 부족한 약을 보충하기 위해 여러 의료기관에서 처방을 받았으며, 게다가 얼마 전에는 이탈 증상으로 발작을 일으켜 응급실에 이송되기까지 했다는 사실을 알게 되었다.

가족에게 퇴석을 요청하고 환자와 일 대 일로 이야기해보니 지금껏 이야기하지 않았던 문제가 드러났다. 오랜 세월 고민해왔던 남편의 제멋대로인 태도와 불륜 문제, 아이의 등교 거부, 고부 간 갈등, 나아가 최근 들어서는 머릿속이 자살로 가득해서 이미 머지않아 자살할 계획을 세우고 있다는 등….

그제야 겨우 깨달았다. 그 환자의 '손이 가지 않는 점'은 사실 구조를 바라는 마음이 결여되고 인간 일반에 대한 신뢰감과 기대감이 없는 것과 표리일체였다는 사실을 말이다. 그 역시 '사람에게 의존하지 못하는' 사람이었던 것이다. 그런 환자가 치료 과정 중에 예상치 못한 부정적인 일과 조우하거나 정신적 위기에 빠져버리면 어떻게 될까. 무력감을 부정하고 가짜 자기제어감을 유지하기 위해 바로 곁에 있는 '동아줄'을 붙잡을 것이라 쉬이 상상할 수 있다. 그 환자에게, '동아줄'이란 벤조계 약물이었던 것이다.

후회되는 것은 처음부터 항우울제만 처방했다면 그런 결과가 되지 않았으리라는 점이다. 항우울제와 함께 벤조계 약물을 처방하는 방식의 공과 죄를 뼈저리게 깨달은 경험이었다.

벤조계 의존증 환자들에게서 약물 입수처인 전 주치의들— 즉, '백의를 걸친 딜러들'—의 이야기를 들어보면, 그들 모두가 '돌팔이 의사'는 아니라는 걸 알 수 있다. 환자가 바라는 대로 고분고분하게 약을 처방하는 '약사형 의사'가 분명히 많긴 했지만, 한편으로는 선의가 넘치는 의사도 뜻밖에 있었던 것이다.

즉, 어느 의료기관도 진찰하려 하지 않는 성가신 환자를 받아들이고 예약 없이 진료 시간 뒤에 갑자기 찾아온 환자를 "할 수 없네."라고 투덜거리면서도 소매를 걷어붙이고 진료하는 의사들 말이다.

그들은 모두 사명감과 정열로 충만해 있다. 하지만 동시에 무척 지쳐 있다. 성가신 환자를 진찰하려 하지 않는 동업자들에게 분노를 느끼고, 그 때문에 종종 고립된다.

남 일이 아니다.

외래 진료일 아침, 나는 항상 우울하다. 마치 처형대로 향하는 사람처럼 무거운 걸음으로 아침 9시 조금 전에 진료실로 들어간다. 이제 화장실에 가는 시간 말고는 오후 6시까지 여기서 해방될 수 없다. 그래도 오전 중에는 상태가 아주 좋고, 오후도 이른 시간대에는 괜찮다. 점심을 건너뛰고 진료를 계속하면 단식 효과 덕에 외려 약간 고양되기도 한다.

그렇지만 오후 4시를 지나면 갑자기 추진력이 사라져버린다. 아침부터 계속 펀치 세례를 받은 탓에 굳게 올려 방어하던 팔이 점점 내려가고 정통으로 펀치를 먹는 횟수도 늘어난다. 어떻게든 다리에 힘을 주고 쓰러지지 않으려 굳게 마음먹지만, 점차 다리도 움직이지 않게 된다. 거의 펀치 드렁크 상태다. 의식이 흐려서 환자의 이야기도 제대로 못 듣는다. 비유하면 멜로디는 들리지만 가사는 못 알아듣는 듯한 상황인 것이다. 그런데도 대기실에는 아직 환자가 있다. 심지어 '내가 오늘 마지막 환자가 될 거야. 뒤에 있는 환자는 신경 쓰지 않고 차분히 이야기를 들려줘야지.'라고 마음먹은 환자들만 몇 명이나.

어느새 클린치*가 잦아진다. 권투 시합이었다면 심판이 소극적인 시합 태도를 문제 삼아 경고를 할 판이다. 나도 알지만 당장 이 순간 환자의 요구에 쫓기는 고통에서 도망치려고, 전혀 해결책이 아니라는 걸 빤히 알면서도, 그 말을 입에 담는다.

"그럼 약을 추가해보죠…."

이리하여 환자는 약물 의존증이, 그리고 의사는 약물 요법 의존증이 된다.

인간은 약을 사용하는 동물이다. 메소포타미아 문명의 유적에서 발굴된 점토판에 쐐기문자로 쓰여 있는 정보 중 다수가 약초에 관한 것이라고 한다. 실제로 인류는 푸른곰팡이에서 페니실린을, 버드나무 껍질에서 아스피린을 만들어내는 능력이 있었기 때문에 많은 질병을 극복하고 수명을 연장하여 지구상에 번식할 수 있었다.

의료와 약의 관계는 끊으려야 끊을 수 없다. 실제로 진료과를 막론하고 의료기관을 찾는 환자는 대부분 약을 원한다. 아무런 처방을 하지 않으면 "약은 안 주시는 건가요?"라며 불만스러운 표정을 짓는 것도 드물지 않다. 그 표정에서는 종종 특효약이라는 마술적인 것에 대한 기대가 엿보인다.

• 권투에서 공격을 피하기 위해 상대방을 껴안는 행위.

생각해보면 오래전부터 인간은 약에 환상과 동경을 품고 있었다. 일찍이 진시황은 불로불사를 갈망하여 막대한 재산을 낭비했고, 최종적으로 학자들에게 만들게 한 '단약'이라는 수은약 탓에 세상을 떠났다고 전해진다. 그 뒤에도 불로불사를 원한 왕족과 귀족은 열성적으로 단약을 사용했고, 당나라의 역대 황제 중 몇 명은 그 탓에 요절했다.

이 사례들은 극단적일지 모르지만, 약학의 역사를 돌이켜보면 새삼 통감하게 된다. '약과 인간'의 관계란 '독과 인간'의 관계이기도 하다. 르네상스 때의 의사이자 연금술사인 파라켈수스도 그런 말을 했다. "모든 것은 독이며, 독이 아닌 것은 존재하지 않는다. 복용량이야말로 독인지 아닌지를 결정한다."

더 나아가 말하면 약으로 인한 피해의 대부분은 의사의 악의가 아닌 선의에서 비롯된다. 즉, 인간은 자신의 아픔에 약할 뿐 아니라 눈앞에 있는 타인의 고통에도 약한 생물인 것이다.

벤조계 약물을 둘러싼 수많은 문제 역시 예외가 아니다.

물론 나는 최대한 벤조계 약물 처방을 삼가고 있다. 절대로 처방하지 않는다는 말은 아니다. 단, 어쩔 수 없이 처방해야 할 때는 환자들이 선호하는 '잘 듣는' 약은 피하려고 명심하고 있다. "그 약 덕분에 살았어요!"라며 효과를 자각할 수 있는 잘 듣는 약은 장기적으로 바람직하지 않다. 그 사람이 지닌 마음의 상처가 심각하면 할수록 극적인 효과를 안겨주는 약은 위험하다고 생각한다.

그래서 나는 효과가 썩 확연하지 않은 약을 선택하고, 일상적인 진료에서는 약에 대한 환자의 호감도를 낮추느라 여념이 없다. 속으로는 '굳이 잘 듣지 않는 약을 처방할 바에는 처음부터 약 같은 건 처방하지 않으면 될 것을⋯.'이라고 스스로에게 딴지를 걸면서.

사람은 왜 취하고 싶어하는가

○

20대 중반에 레게만 들었던 시기가 있었다.

계기는 의대생 시절에 술자리 2차에서 어쩌다 흘러 들어갔던 레게바였다. '무슨 가게든 좋아.'라면서 아무 생각 없이 가게의 문을 열었던 게 기억난다.

어두운 동굴 같은 곳이었다.

향을 피운 어둠 속에는 낯설고 신기한 음악이 흐르고 있었다. 처음 귀에 들어온 것은 주문 같은 선율의 흐름과 끈적끈적하게 떨림이 있는 보컬이었는데, 금세 그 뒤에서 고동치는 리듬에 마음이 빨려 들어갔다. 4박자의 여린박—제2박과 제4박—에 "응챠, 응챠" 하고 기타의 커팅 주법*이 들어가고 베이스는 땅울림

같은 저음을 울리면서 굽이굽이 기어다녔다. 그에 대해 드럼은 소리의 수를 줄여서 잘게 리듬을 쪼개는 하이 햇 외에는 제1박을 빼고 제3박에 스네어와 베이스를 내려칠 뿐이었다. (나중에 그 드럼 패턴을 '원 드롭'이라고 부른다는 것을 알았다.)

처음 들어보는 리듬이었다. 본래 있어야 하는 센박을 빼고 굳이 음의 다음, 또는 음과 음 사이에 악센트를 주었다. 그 결과 음악은 마치 거대한 유충이 꿈틀대는 것처럼, 혹은 절지동물이 율동적으로 더듬이를 위아래로 흔드는 것처럼, 마치 '생물' 같은 독특한 분위기를 띠었다. 듣고만 있어도 자연스럽게 자리에서 일어나 춤추고 싶어지는 음악이었다.

누구의 무슨 곡이었을까. 이제 와서는 알아볼 방법이 없다. 기억하는 것은 어두운 실내에서 그 단조로운 리듬에 의식을 맡기고 있으니 무언가가 뇌리에서 빙글빙글 도는 듯한 착각에 빠졌다는 것이다. 그리고 놀랍게도 이윽고 그 느낌은 술을 거나하게 마신 듯한 만취감으로 변화했다.

그 감각은 그야말로 '취했다'는 표현이 어울리는 것이었다. 결코 과음한 날은 아니었다. 어쨌든 바였기에 무언가 알코올음료를 주문했겠지만, 알코올에 약한 나는 당시 어디서든 항상 맑은

• 기타를 칠 때 음을 짧게 끊어서 연주하는 방법.

하이볼*만 주문했다. 심지어 매우 천천히 마셨기 때문에 시간이 갈수록 얼음이 녹아서 점점 희석되었고, 마지막에는 한없이 탄산수에 가까운 음료가 되었다. 그러니 그때 내가 느낀 취기는 약리학적인 것이 아니었고, 심리적인 것이었다고 봐야 한다.

싸구려 가게였지만, 난생처음 편안하다고 느낀 바였다. 그때껏 나는 바의 카운터 자리에 앉을 때마다 '잘못 찾아온 느낌'에 시달려서 묵묵히 음료를 준비하는 바텐더를 보며 '나를 무시하는 게 틀림없어.'라고 피해망상을 품기 일쑤였다. 그래서 그저 음료를 주문할 때도 목소리가 떨렸다.

그런데 그 가게는 달랐다. 돌이켜보면, 나는 당시 거의 대인공포증이었다. 원래부터 사교적이지 않은 성격이었지만, 의학부에 입학하고 4년 동안 은둔형 외톨이처럼 생활하다 보니 사교능력이 더더욱 퇴화한 것이다.

그런 내게 그 레게바는 일종의 재활시설 같은 역할을 해주었다. 나는 바의 주인이 권해주는 레게 CD를 닥치는 대로 구입했고, 바에 모여드는 동호인들과 정보를 교환하게 되었다. 그것만으로는 성에 차지 않아 매년 여름이 되면 야외 레게 페스티벌인 '저팬 스플래시'에 참가할 만큼 푹 빠졌다.

• 위스키 같은 증류주에 탄산음료를 부어서 만드는 칵테일.

그렇다, 페스티벌에서 레드 스프라이트라는 자메이카 맥주를 병째로 마시며 춤추는 라스타 컬러*의 모자를 쓴 홍 부자. 그게 바로 당시의 나였다. 예전의 나라면 상상할 수도 없는 행동이었다.

가장 좋아한 아티스트는 슈거 미노트Sugar Minott였다. 그 실물을 딱 한 번 저팬 스플래시에서 본 적이 있다. 어린아이가 흔들의자를 흔들며 놀듯이 온몸을 리듬에 싣고 '너무너무 즐겁다'는 표정으로 노래하는 그의 모습이 지금도 기억 속에 선명하다. 하여간에 목소리가 굉장했다. 한숨 섞인 부드럽고 달콤한 목소리로 노래하는 그의 「러버즈」(스위트 레게라는 장르)는 그가 세상을 떠나고 10년이 지난 지금도 타의 추종을 불허한다.

지금도 진심으로 믿는 것이 있다. 현재 내가 그럭저럭 정신과 의사로서 환자와 대화하고 청중 앞에서 강연하는 등 예전의 나라면 무모하다고 할 수밖에 없는 일을 해낼 수 있는 것은 바로 그때의 레게 재활 요법 덕분이었다고 말이다.

재작년 여름, 알고 지내는 다르크 시설장이 갑자기 내 휴대전화로 메시지를 보내왔다.

---

* 자메이카와 레게를 상징하는 빨강, 노랑, 초록, 검정을 가리키는 말이다.

"이번에 야외 레게 페스티벌에 우리 신입들을 데려가려 하는데, 함께 갈래요?"

그와 처음 만난 것은 사반세기 전, 내가 본의와 상관없이 의존증 전문병원에 부임했던 때로 거슬러 올라간다. 당시 그는 이미 시설장이었고, 나는 의존증 전문병원에서 가장 풋내기 의사였음에도 억지로 떠맡는 형태로 다르크의 촉탁의를 보고 있었다.

첫 대면에서 받은 인상은 강렬했다. 그는 나보다 열 살 가까이 연상인데, 드레드 헤어*와 구릿빛으로 그을린 얼굴은 마치 바닷가 서프 숍의 주인 같았다. 듣자 하니 그는 예전에 각성제 때문에 환각·망상 상태에 빠져 소란을 일으켰고, 경찰관들이 진압봉으로 제압한 적도 있다고 했다. 하지만 내가 처음 만났을 때는 이미 그런 하드코어한 역사는 조금도 느껴지지 않았다. 오히려 햄스터와 닮은 수줍은 미소는 귀엽기까지 했다.

처음 그가 한 말을 아직도 기억한다.

"마쓰모토 선생님은 제대로 놀고 계세요?"

그게 첫인사였다. 급작스러운 질문에 나는 당황했고, 그와 동시에 그의 '놀이'라는 단어를 '여색' '유흥업소' 같은 종류로 오

---

* 한국에서 흔히 레게 머리라고 하는 스타일로, 앞머리를 모두 뒤로 넘기며 긴 머리를 여러 갈래로 땋거나 뭉쳐서 늘어뜨리는 것이 특징이다.

해하여 조금 울컥했다. 나중에 알았지만, '놀이'라는 단어는 그의 신념을 상징하는 키워드였다. 나는 성급하게 지레짐작하고 분개한 것이다.

다르크의 촉탁의를 맡은 기간 동안 나는 그에게 약물 의존증 지원에 관해 많은 것을 배웠다. 그리고 촉탁의를 그만둔 뒤에도 이따금씩 연락을 주고받으며 강연회에 섭외하거나 약물 의존증 지원에 관한 정보를 교환하는 관계를 이어갔다. 드물지만 이번처럼 음악 페스티벌에 함께 간 적도 있었다.

그렇지만 다르크의 신입—즉, 얼마 전에 약물을 그만둔 따끈따끈한 약물 의존증 당사자라는 뜻이다—과 함께 가자는 것은 처음이었다. 나는 '그렇게 시끌벅적한 곳에 그들을 데려가도 괜찮을까.'라고 진심으로 걱정했다.

당시 뇌리에 떠오른 것은 일찍이 내가 참가했던 '저팬 스플래시'의 열광적인 광경이었다. 페스티벌에서는 베이스가 산울림처럼 대지를 흔들고, 요란한 잔향음이 설정된 신시사이저의 소리가 공기를 찢는 번개처럼 여기저기 반사되어 울린다. 대화조차 제대로 할 수 없을 만큼 소란스러운데, 당연히 폭력과 욕망의 충돌도 적지 않다. 이를테면 어떤 곳에서는 강건한 남자들이 서로 멱살을 붙잡았고, 다른 곳에서는 남녀가 타인은 신경 쓰지 않고 진한 키스를 나눴다. 위험한 해프닝도 일어난다. 예를 들어, 누가 집어던진 건지 갑자기 마이어스 럼*의 병이 내용물을 흩뿌리며 공중에서 떨어지거나 어딘가에서 대마의 달콤한 향이 바람에 실려 풍겨 오기도 했다.

아무리 '놀이'가 중요하다고 해도, 의존증 재활시설의 레크리에이션으로는 좀 지나치다. 자극이 너무 강하다. 만약 레게를 들으며 대마를 쓴 적이 있는 신입이라면, 페스티벌의 분위기에서 레게의 라이브 연주를 들은 순간 자극을 받아 약물을 갈망할 것이다. 심지어 주위에서는 모두 술을 마시고 있고, 약물도 간단히 조달할 수 있을 듯한 장소가 아닌가.

시설장에게 그런 우려를 메시지로 보냈는데, 그는 다음처럼 답장을 했다.

"다 함께 있으면 괜찮지 않을까요. 그런 장소를 깨끗한 상태로 즐기는 경험은 분명 귀중한 회복 프로그램이 될 거예요."

그럴지도 모르지만…. 어떻게 답할지 망설이는데, 추가로 메시지가 왔다.

"그래도 혹시 모르니 의사가 있으면 좋을 것 같아서요.(웃음)"

뭐야, 그런 거였나. 나는 일정이 비어 있는 걸 확인하고 "오케이."라고 답장을 보냈다.

• 자메이카에서 만들어지는 럼주다.

공연 당일 오후, 약속 장소에 가보니 시설장은 이미 도착해 있었다. 그는 볼륨이 있는 긴 드레드 헤어를 라스타 컬러의 니트 모자 속에 욱여넣고, 역시 라스타 컬러의 티셔츠를 입고 있었다. 뭔가 그 자신이 무대에 올라가는 레게 뮤지션 같았다. 시설장의 차림과 비교하니 오전에 강연이 있었던 탓에 여름용 재킷과 셔츠라는 야외 공연과 어울리지 않는 복장을 입은 나 자신이 부끄러워서 옷을 갈아입지 않은 걸 후회했다.

공연까지는 아직 시간이 있었다. 시설장의 주위에는 다섯 명정도의 젊은이들이 무료한 듯이 서서 담배를 피우고 있었다. 다르크 신입인 듯했다. 시설장은 나를 보더니 "감사합니다."라는 듯이 손을 들고 여느 때처럼 수줍은 미소를 보였다.

"선생님, 병원은 요즘 어때요? 이제야 겨우 위험 드러그도 거의 눈에 띄지 않게 되었죠. 그 대신 뭔가 위험한 약물이 등장하지는 않았어요?"

나는 최근 들어 벤조디아제핀 등의 처방약이나 기침약, 감기약 등 시판약 문제로 찾아오는 환자가 많다고 전했다.

"역시 그렇군요."

그는 깊이 고개를 끄덕였다.

우리는 최근 사반세기 동안의 '약물 남용 흥망성쇠' 같은 화제로 한바탕 이야기꽃을 피웠다.

내가 시설장과 처음 만난 1990년대 후반은 제3차 각성제 남용기*의 한복판으로 1980년대를 풍미한 시너가 급속히 인기를 잃어 시너 소년이 눈에 띄지 않는 한편 각성제가 단숨에 대두하던 시대였다.

"마침 뽕을 가열해서 들이마시는 방식이 유행하던 때였죠."

시설장은 그렇게 말하며 그립다는 듯이 눈을 가늘게 떴다.

그랬다. 그때까지 각성제라고 하면 오로지 정맥주사로 사용했지만, 그 무렵부터 새롭게 가열 흡연이라는 경구와 기도를 통한 섭취 방법이 등장했던 것이다. 입으로 연기를 들이마시기에 심리적 저항감이 적은 그 방법은 단숨에 각성제의 영역을 확장했고, 청년층까지 남용자의 폭이 넓어졌다.

실제로 매일같이 어린 약물 의존증 환자들이 수없이 밀려드는 사태와 마주하며 내가 '이 나라에서 대체 무슨 일이 벌어지고 있는 거야!'라고 의아해했던 게 기억난다.

마침 거품경제가 붕괴하고 몇 년이 지난 무렵이었다. 경제적 고난이 전 국민을 반사회적인 방향으로 향하게 했던 것일까?

• 일본의 제1차 각성제 남용기는 제2차 세계대전 직후인 1950년대 초 군에서 흘러나온 필로폰이 유행한 것이다. 제2차 각성제 남용기는 1980년대 초에 약물 밀매가 조직화하고 폭력단이 각성제를 자금원으로 밀매하며 일어났다. 1990년대 중반의 제3차 각성제 남용기에는 약물 남용자 중 청소년의 수가 큰 폭으로 증가했다.

그럴 리가.

떠올려보길 바란다. 당시가 어떤 시기였는지. 일본의 자살자 총수가 단숨에 3만 명을 넘어서고 그렇게 증가한 상태가 14년 동안 이어지는, 바로 그런 상황이 시작되기 바로 직전이었다. 즉, 사회 전체에 삶을 힘들게 하는 무언가가 만연하여 누군가는 자살로 내몰리고, 다른 누군가는 약물에 빠진 것이다. 이런 가설을 과연 단순히 허언이라고 치부할 수 있을까?

밀레니엄을 넘어 2000년대에 들어서자 매직 머시룸이나 고메오(5-Meo-DIPT) 같은 미규제 약물이 등장했다. 그 약물들이 건강에 미치는 피해와 사회적 문제가 드러나자 전부가 차례대로 규제 대상이 되었다. 주의력결핍 과다행동장애의 치료약인 리탈린의 남용과 부정 처방도 문제가 되었다.

그리고 2010년대, 그 증오스러운 '위험 드러그'가 등장하여 일본 전역을 뒤덮을 듯한 '붐'에 돌입하게 되었다.

앞서 언급했지만 위험 드러그란 불법약물의 화학 구조를 아주 조금 바꾼 것으로 불법약물과 같은 약리적 효과를 유지하면서도 법의 규제망을 피하는, 이른바 '탈법적'인 약물을 가리킨다. 정부가 그런 약물을 규제하면 다시 화학 구조를 살짝 바꾼 새로운 탈법적 약물이 등장하는데, 어째서인지 새로운 약물에는 반드시 전보다 위험한 성분이 함유되어 있다. 그처럼 규제 측과

개발 측이 벌이는 끝없는 경주 끝에 위험하기 그지없는 괴물 같은 약물이 탄생했고, 일본 각지에서 중독사와 교통사고를 다수 일으키기에 이르렀다. 결국 이 재앙은 판매 점포 단속과 퇴출을 통해 겉보기로는 진정되었다. 하지만 그런 일이 벌어진 수년간은 무분별한 규제가 약물 사용자 개인과 사회를 얼마나 위험에 노출하는지 증명하는 일종의 장대한 사회실험이었다고 나는 생각한다.

얼추 약물 남용의 변천사를 돌아보았는데, 시설장이 정리했다.

"위험 드러그가 한때 그토록 유행한 건 결국 일본인의 준법정신 때문이라고 생각해요. 범죄자로 체포되어 공동체에서 배제되기는 싫지만, '기회만 있으면 취하고 싶다'고 끊임없이 찬스를 엿보는 느낌이거든요. 아니면 '체포되지만 않으면 괜찮다'고 생각하거나. 적어도 저에게는 그렇게 보여요. 그리고 최근에는 처방약이나 시판약 같은 의약품 남용과 의존증이 증가하는 거잖아요. 그런 점을 보면 '체포되지 않고 취하고 싶다'는 일본인의 집착이랄지 이상한 정열은 굉장해요."

정말로 그렇다고 생각했다. 후생노동성이 "안 돼, 절대로."라는 구호로 약물 남용 방지 계몽 사업을 펼친 때가 1980년대 후반이었는데, 그 뒤로도 약물 문제가 종언을 고할 조짐은 전혀 보이지 않는다. 결국 그 계몽은 의학적 근거에 기초한 보건교육이 아니라 "법을 저촉하면 안 돼, 절대로." 하는 도덕교육 수준에 머무른 것이다. 그것이 일본인의 '체포되지 않고 취하고 싶다'는 집착을 길렀다고도 할 수 있을 것이다.

시설장은 말을 멈추지 않았다.

"이제는 규제도 심하고 판매하던 점포도 모두 퇴출되어서 위험 드러그를 입수할 수 없잖아요. 거기에 빠졌던 애들은 지금 어떡하고 있을까요?"

확실히 신경 쓰이는 점이었다. 위험 드러그가 붐이었던 시기에 많은 환자가 내 외래 진료를 찾아왔지만, 붐이 끝나자 그중 절반은 예고도 없이 통원을 중단하고 자취를 감춰버렸다.

그런데 그때, 방금 전까지 묵묵히 담배를 피우던 신입 중 한 명이 고개를 들고 우리의 이야기에 끼어들었다. 한쪽 눈썹과 아랫입술에 피어스를 하고 머리를 빡빡 민 청년이었다.

"위험 드러그에 관해서는 저에게 맡겨주세요. 탈법 허브를 끊지 못해서 지금 다르크에 있으니까요. 함께 사용했던 친구들이 꽤 있어서 어느 정도는 알고 있어요."

그에 따르면 위험 드러그를 사용했던 사람들은 그 뒤에 크게 세 갈래로 나뉘었다고 한다.

첫 번째는 사용 약물을 대마나 각성제로 변경한 부류다. 이 부류는 애초에 불법약물을 사용했지만 체포당하기 싫어서 '안 잡히고 취할 수 있는' 약물을 찾아 헤매다 위험 드러그에 다다른 사람들이라고 한다. 그리고 이 부류의 대부분은 규제가 강화될 때마다 '약물'보다 '독극물'에 가까워지는 위험 드러그를 일찌감치 단념하고 위험 드러그 입수가 어려워지기 전부터 불법약물로 돌아갔다고 한다.

두 번째는 약물을 전부 그만두고 통상적인 사회생활로 돌아간 부류다. 위험 드러그가 처음 체험한 약물이고 다른 약물은 경험한 적이 없는 사람들이라고 한다. 사용 기간이 짧고 체포당하거나 복역하지 않은 덕에 인간관계가 파탄 나거나 일자리를 잃지 않았다. 그들에게는 돌아가야 하는 '제자리'가 있었다. 그런 환경이 약물 의존에서 쉽게 회복한 것과도 관계있을 듯싶다.

그리고 마지막 세 번째는 위험 드러그 대신 알코올에 빠진 부류다. 실은 불법약물로 돌아간 부류 중에도 얼마 지나지 않아 아무래도 체포당할 게 무서워서 알코올로 의존 대상을 바꾼 사람이 꽤 많다고 한다. 하지만 약물 사용자 중에는 원래부터 알코올에 약한 사람, 그리고 알코올음료의 맛 자체를 싫어하는 사람도 적지 않다. 그런 사람들이 선호하는 것이 '스트롱계ストロング系'라고 불리는, 주스처럼 마실 수 있는 고농도 알코올음료다.

"실은, 제가 마지막 부류예요."

남성은 그렇게 말하며 머리를 긁적였다.

"스트롱계는 진짜 위험해요. 술술 넘어가서 계속 마시다 보면 어느새 의식이 날아가버리거든요. 술이나 취기를 즐기는 게 아니라 날아가기 위해서, 아무것도 생각하지 않기 위해서 마셨어요. 그건 진짜 차세대 위험 드러그예요. 저도 모르는 사이에 날뛰고, 부모나 친구도 두들겨 패고요. 그래서 지금 다르크에 있는 거예요."

그 말을 듣던 시설장이 쓴웃음을 지으며 중얼거렸다.

"역시 마지막에 등장하는 건 세계에서 가장 오래되고 가장 흉악한 약물, 알코올이야."

세계에서 가장 오래되고 가장 흉악한 약물….

분명히 그럴지도 모른다. 예를 들어 상해와 살인 사건의 40~60퍼센트, 강간 사건의 30~70퍼센트, 도메스틱 바이얼런스 domestic violence[**] 사건의 40~80퍼센트가 알코올로 인한 만취와 관

• 주스처럼 단맛이 강해서 일반적인 술을 싫어하는 사람이 쉽게 마실 수 있는 알코올음료 중에서도 알코올 도수가 9~12도 정도로 높은 것을 가리키는 말이다. 산토리의 '스트롱 제로' 등이 대표적인 상품이다. 일본에서는 최근 몇 년간 '스트롱계'의 판매가 계속해서 증가하고 있다.

•• 일본에서는 '가정폭력'이라고 옮기지 않고, '도메스틱 바이얼런스'를 그대로 쓰거나 'DV'라고 줄인 말을 사용하는데, '가정'뿐 아니라 '연인, 친구 등 친숙한 관계인 사람, 혹은 친숙한 관계였던 사람'이 휘두르는 폭력을 통틀어 가리키기 때문이다.

련이 있다고 한다. 여기에 음주운전이 원인인 교통사고를 더하면 알코올이 일으키는 사회적 폐해의 심각성은 놀라운 수준일 것이다.

자살에 미치는 영향 또한 무시할 수 없다. 응급실로 이송된 자살 미수자 중 40퍼센트의 체내에서 알코올이 검출되고, 또한 자살자 유체의 30퍼센트 이상에서 알코올이 검출된다는 보고가 있다. 전부 술에 몹시 취해 충동성이 높아진 상태에서 마지막 행위를 저질렀을 가능성을 시사하는 통계다. 알코올과 자살의 관계에 대해서는 해마다 변화하는 일본 내의 알코올 소비량과 자살률이 어떤 상관관계가 있는지 살펴본 연구에서도 증명한 바 있다. 사실 캐나다, 체코슬로바키아, 프랑스, 헝가리, 스웨덴, 미국, 핀란드 등 수많은 나라들에서 알코올 소비량과 남성 자살률 사이에 유의미한 상관관계가 보이고 있다.

즉, 알코올은 자신과 타인에 대한 충동성·공격성을 자극하고 해방시키는 것이다. 그와 관련한 흥미로운 실험이 있다. 두 피험자에게 컴퓨터로 설정한 빛 자극에 얼마나 빨리 반응하는지 반사 시간을 경쟁시키고, 승자는 패자에게 전기 충격을 가하는 게임 형식으로 설계한 실험이다. 그때 피험자에게 알코올을 주면 취하지 않았을 때와 비교해 인정사정없이 전기 충격을 가하는 잔인한 양상을 보인다고 한다. 알코올에 몹시 취하면 의식의 중심에 있는 자극에 모든 신경이 쏠려서 의식의 주변부에 있는 자극에는 관심이 극단적으로 저하된다고 증명한 실험도 있다. 그와 같은 의식 상태의 변화는 '알코올 근시'라고 불리며, 만취 상태에서 충동성이 눈에 띄게 항진되는 원인이라고 여겨지고 있다.

인류 역사를 돌이켜보면 알코올의 해를 우려하여 금주령을 내린 위정자들이 있었지만, 국가의 규제는 번번이 실패로 끝났다. 이를테면 주나라의 정치가 주공은 '주지육림酒池肉林'의 고사로 유명한 은나라 주왕이나 하나라 걸왕이 술 때문에 나라를 멸망으로 이끈 것을 교훈 삼아 백성들이 모여서 술을 마시지 못하도록 금지했다. 그 후로도 청나라에 이르기까지 여러 위정자가―『삼국지연의』에 등장하는 그 유명한 조조와 유비도―종종 금주령을 내렸다. 전부 위반한 자는 사형에 처할 정도로 엄벌을 내렸지만, 그럼에도 불구하고 어째서인지 모두 흐지부지하는 사이에 금주령이 사라져버리고 말았다.

마찬가지 실패가 근대 이후에도 반복되었다. 미국에서 금주령이 실패한 것은 널리 알려져 있는데, 그저 정책상의 실패만으로 끝나지 않은 사례도 있었다. 예를 들어 니콜라이 2세가 내린 금주령은 러시아 혁명의 단초가 되어 러시아 제국을 멸망으로 몰아넣었고, 고르바초프의 반反알코올 정책은 소련 해체의 간접

적 원인이 되었다. 다시 말해, 금주령 때문에 정권이 전복될 수
도 있는 것이다.

어째서 인류는 심각한 폐해가 있는데도 이토록 알코올에 집
착해온 것일까?

몇 가지 짐작 가는 이유가 있다.

우선, 영양 공급원으로서 알코올이 필요했을 가능성이 있다.
같은 유인원 중에서 알코올을 물질대사로 처리할 수 있는 것은
인간, 고릴라, 침팬지뿐이다. 영장류 연구에 따르면, 우리의 선
조에 해당하는 유인원이 오랑우탄의 계통과 갈라진 시점에 알
코올 탈수소 효소*를 지닌 특수형을 결정하는 유전자에 돌연변
이가 일어나 알코올 분해 능력을 획득했다고 한다. 이 덕에 나무
위에서 먹을거리를 구하지 않아도 땅바닥에 떨어져 발효된 과
실로 굶주림을 견딜 수 있었던 것이다. 그 능력이 자손들의 지상
생활을 준비하는 데 쓰인 것은 틀림없다.

그리고 살균제로서 알코올이 필요했을 가능성도 있다. 이동
이 잦았던 수렵 생활을 거쳐 정주 생활을 시작한 인류는 감염병

---

* 알코올에서 수소를 제거하여 아세트알데하이드 또는 케톤이 생성되는 반응을 촉매하는
효소. 인체 내에서 아세트알데하이드는 효소에 의해 또다시 수소가 제거되고, 알코올은 결
국 물과 이산화탄소로 분해된다.

의 위협에 직면했다. 힘이 약하고 발도 느린 인간에게 수렵 생활은 위험으로 가득했고, 심지어 식량 보존 기술까지 없던 시대라서 불안정하고 비효율적인 생활방식이었다. 하지만 감염병 예방 차원에서는 그 끊임없는 이동에 이로운 점이 있었다.

정주 생활을 시작하면서 인류는 과밀화한 환경에서 곡물을 재배하고 가축을 사육해야 했다. 감염병의 온상일 수밖에 없는 환경이다. 그런 생활양식에서 항균 작용을 하는 알코올음료는 물보다도 안전한 수분 공급원으로 중요했을 것이다. 실제로 서구 사회에서는 약 400년 전 커피와 차가 보급될 때까지 사람들이 물 대신 알코올음료를 마셔서 남녀노소 불문하고 온종일 술에 취한 채 지냈다.

그렇지만 이런 이유들만으로는 인류가 알코올에 집착하는 까닭을 충분히 설명할 수 없다. 왜냐하면, 나중에 인류는 알코올을 대체하는 영양과 수분 공급원을 발견했기 때문이다. 그렇다면 대체 어째서일까?

그 답은 아마도 '취기'에 있을 것이다. 정주 공동체의 주민들은 서로 협력하여 농사에 힘썼고, 종종 일치단결하여 외적에 맞서야 했다. 그때 알코올이 가져다주는 '취기'—단, '적당한 취기'에 한해서—는 공동체 내의 갈등, 알력, 대립을 풀어주어 집단이 결속하는 데 공헌하지 않았을까?

'익명의 알코올 의존자들'에 큰 영향을 끼친 철학자 윌리엄 제임스William James는 『종교적 경험의 다양성』*에 다음처럼 적었다.

"금주 상태에서는 사람이 위축되고 분별력이 있으며 '아니오'라고 말한다. 그러나 술에 취한 상태에서는 위풍당당해지고 연합하고 '예'라고 말한다. 사실 술은 인간에 내재되어 있는 〈긍정 기능Yes function〉에 대한 대단한 자극제인 것이다."

알코올의 긍정 기능은 사람들이 격차를 감수하게 하고, 불평불만이 사그라들도록 달래주며, 불안과 굴욕을 완화해주는 역할도 했을 것이다. 그 때문에 전 세계 대부분 문화권에 제각각 독자적인 알코올음료가 존재하는 것 아닐까?

그렇게 생각해보면 고대의 그리스인과 로마인이 와인을 마실 때 반드시 물을 더해 세 배로 늘려서 희석해야 한다는 규칙을 세우고, 희석하지 않은 채 그냥 마시는 행위는 야만적이라고 경멸했던 이유도 알 것 같다. 그건 알코올의 폐해를 줄이면서 긍정 기능을 최대한 발휘하기 위한 방책, 도량이 넓은 어른의 지혜였던 것이다. 사실 알코올 소비량과 자살률 사이의 상관관계는 증류주**를 선호하는 나라일수록 높고, 양조주***를 선호하는 나

---

* 김재영 옮김, 『종교적 경험의 다양성』 한길사 2000.
** 일단 만든 술을 다시 증류하여 알코올 도수를 높인 술. 소주, 위스키 등이 있다.
*** 곡류와 과실 등을 발효시켜 만든 술. 와인, 맥주 등이 있다.

라에서는 낮다. 즉, 알코올 농도와 사회적 폐해 사이에는 한쪽이 증가하면 다른 쪽이 따라서 증가하는 상관관계가 있는 것이다.

오랜만의 야외 페스티벌은 즐거웠다.

오래전 저팬 스플래시에서 춤췄던 시절에는 항상 한 손에 자메이카 맥주인 레드 스프라이트를 들고 마셨지만, 이번에는 내내 페트병에 든 생수만 마셨다. 당연한 일이었다. 다르크의 직원과 신입 모두 알코올은 약물의 일종이라고 생각하여 단주하고 있다. 이번 페스티벌에서도 시설장은 물론이고 삭발 머리에 피어스 한 남성을 비롯해 신입들 모두 멀쩡한 정신으로 정말 즐겁게 춤췄다. 그런 상황에서 나 혼자 술을 마실 리 있나.

그렇지만 나는 틀림없이 '취기'를 경험했다. 물론, 내 몸속에 알코올은 한 방울도 들어가지 않았다. 하지만 백비트*를 주는 기타의 커팅 주법에 드럼의 단순한 원 드롭 패턴, 그리고 지면을 타고 뻗으며 배 속을 울리는 베이스의 저음이 자아내는 단조롭고 기분 좋은 리듬을 타다 보니 눈꺼풀 안쪽에서 무언가가 빙글빙글 도는 듯했다. 그건 어린 시절 그네를 타고 놀다 느꼈던 상

---

* 여린박에 강세를 주는 것을 가리키는 말이다. 4박의 경우 제2박과 제4박에 강세를 준다. 록 음악 등에서 많이 사용한다.

쾌하고 즐거운 현기증과도 비슷한 감각이었다. 역시 레게에는 사람을 심리적으로 취하게 만드는 무언가가 있다.

이윽고 주변이 어두워졌고, 무대에서는 여느 페스티벌처럼 피날레가 펼쳐졌다. 모든 출연자가 무대 위에 올라서 합창을 한 것이다. 이번에 부른 노래는 밥 말리Bob Marley의 「재밍Jamming」이었다. 노래 제목인 '재밍'은 재즈의 즉흥 연주인 잼 세션jam session에서 유래한 자메이칸 파트와Jamaican Patois(영어의 자메이카 사투리) 단어로 '함께 즐거운 시간을 보내다.'라는 의미가 있다고 한다.

페스티벌에서 몸을 가까이 하고 춤추면서 나는 다시금 다르크의 신입들 한 사람 한 사람의 얼굴을 바라보았다. 약물 때문에 목숨 외에 모든 걸 잃은 사람, 죽을 셈으로 약물을 사용했던 사람, 아니면 얄궂게도 약물을 사용했기에 살아남은 사람. 그들은 모두 배경이 다르지만, 그날은 모두가 약물과 상관없는 생활을 바라며 레게에 맞춰 춤추는 것에 몰두했다. 그야말로 '재밍'이었다.

시설장은 춤추다 보니 더워졌는지, 손을 머리에 올리고 라스타 컬러의 니트 모자를 벗었다. 모자에서 비둘기가 튀어나오는 마술처럼 멋진 드레드 헤어가 넘쳐흘러 공중에 퍼졌다.

그는 이마에서 땀을 닦으며 언제나처럼 수줍은 미소를 짓고 말했다.

"선생님, 즐기고 있어요?"

네, 하듯이 나는 고개를 끄덕였다.

"이런 '놀이'는 무척 중요해요. 당사자들의 회복을 위해서도, 조력자들의 자기 돌봄을 위해서도."

그렇다, 틀림없이 놀이는 소중하다.

'쥐의 낙원'이라는 이름이 붙은 유명한 실험이 있다. 한 마리씩 철망 우리에 가둔 쥐(식민지의 쥐)와 넓고 쾌적한 곳에 동족과 함께 수용된 쥐(낙원의 쥐) 양쪽에 평범한 물과 모르핀이 들어간 물을 모두 주는 실험을 했다.

실험의 결과는 실로 흥미로웠다. 식민지의 쥐가 모르핀이 들어간 물만 마시는 반면, 낙원의 쥐는 모르핀이 들어간 물에는 눈길도 안 주고 평범한 물을 마시면서 다른 쥐들과 장난을 치며 놀았다고 한다.

더 나아가 완전히 모르핀 의존증이 된 식민지의 쥐를 이번에는 낙원의 쥐들이 있는 곳에 옮겨보았다. 그러자 처음에는 홀로 모르핀이 들어간 물을 마시던 식민지의 쥐가 이윽고 낙원의 쥐들과 교류하고 함께 놀게 되었다. 그뿐이 아니다. 놀랍게도 낙원의 쥐를 흉내 내어 평범한 물을 마시기 시작한 것이다.

작가인 요한 하리Johann Hari는 TED 토크에서 "어딕션(의존증)의 반대말은 '맨정신'이 아니라 커넥션(연결)"이라고 주장했다.

예리한 지적이다. 고립된 사람이야말로 의존증이 되기 쉽고, 의존증이 되면 점점 더 고립된다. 그래서 일단은 연결되는 것이 중요하다.

딴생각에서 정신을 차리고 무대를 바라보니 청중의 집요한 앙코르 요청에 두 손을 든 출연자들이 한 곡 더 부르겠다고 하는 참이었다. 「노 우먼, 노 크라이No Woman, No Cry」. 물론, 밥 말리의 곡이었다.

다르크의 신입들은 무대 위 출연자들과 함께 노래했고, 특히 후렴구에서는 왠지 더욱 힘을 주어 목소리를 높였다.

"에브리싱 고나 비 올라잇Everything's gonna be alright! 에브리싱 고나 비 올라잇!"

노래하는 그들을 눈앞에서 보다가 한순간, 중학생 시절의 친구, 내게 라흐마니노프를 가르쳐준 시너 소년의 환영이 뇌리에 스쳤다. 가슴이 꽉 막혔고 눈시울이 뜨거워졌다.

라스타rasta˙ 용어 중에 '아야나이I & I'라는 표현이 있다. 라스타 남자들은 '당신과 나You & I'라는 말 대신 '아야나이=나와 나'

• 라스타파리안(Rastafarian)을 줄인 말로 에티오피아의 전 황제 하일레 셀라시에 1세를 숭상하는 자메이카 신흥 종교 라스타파리교의 신자를 뜻한다. 라스타파리교는 종교인 동시에 사회운동의 성격이 강하다. 라스타파리안은 긴 머리카락을 꼬아서 늘어뜨린 헤어스타일이 외견적 특징이며, 그들에게서 레게가 시작되었다고 한다.

를 쓴다고 한다. 사람은 걸핏하면 '당신과 나'라는 대립적인 양자 관계에서 상호 이해라는 미명 아래 상대방을 말로 굴복시키려 하고, 개종을 요구하고, 지배를 시도하며, 그에 응하지 않으면 상대방과 나 사이에 담장을 쌓는다. 하지만 '아야나이'는 다르다. '상대방과 사이에 담장을 쌓지 않는다. 상대방을 나 자신처럼 생각한다.'라는 태도인 것이다.

이 말은 그때의 우리에게 딱 어울렸다. 지원자/피지원자, 혹은 전문가/당사자 사이의 담장을 뛰어넘어 음악이 주는 '화학물질 없는 취기'를 매개로 연결되었기 때문이다.

나는 그들과 입을 모아 목소리를 높였다.

"에브리싱 고나 비 올라잇! 에브리싱 고나 비 올라잇!"

그날로부터 벌써 2년이 지났지만, 목소리는 지금도 내 귓속에 남아 울리고 있다. 전쟁터 같은 의존증 임상에서 진절머리가 날 때면 그 소리가 갑자기 크게 들린다. 나를 북돋아주듯이.

　이 책은 월간지 『미스즈』에 2018년 5월부터 2020년 12월까지 2년 반 동안 석 달에 한 번이라는 비교적 느린 속도로 연재한 글들과 새로 쓴 글 한 편을 엮은 것이다.

　전부터 알던 편집자 다도코로 슌스케가 연재를 제안했을 때, 가장 먼저 뇌리에 떠오른 것은 고향인 오다와라시의 중심가에 있는 이세지서점伊勢治書店의 본점이었다. 1680년에 창업한 그 노포 서점에는 하얗고 견고한 장정이 눈에 띄는 미스즈쇼보みすず書房•의 코너가 있었다. 10대 시절의 나는 서점 가장 안쪽 구역에 있는 그 코너에서 불가사의한 고요함과 엄숙한 분위기가 풍긴다고 생각했다.

　그 서점의 미스즈쇼보 코너에는 정신과 의사로서 나 자신의

• 이 책의 일본어판을 출간한 출판사로 1946년 창업하여 철학, 과학, 심리학, 의학 등 다양한 분야의 학술서를 출간하고 있다.

역사를 이야기할 때 결코 빠뜨릴 수 없는 추억이 있다. 왜냐하면 그 코너에서 우연히 펼친 로널드 랭의『분열된 자기』• 덕분에 내가 처음으로 '정신과 의사'라는 직업에 동경을 품었기 때문이다. 열일곱 살 때의 일이다.

이후 나는 일과처럼 매일매일 그 코너에 가서 랭의 책을 펼치고는 본문의 난해함과 책의 가격에 한숨을 내쉬고 책장을 덮었다. 결국 고등학교에 다니는 동안 나는 미스즈쇼보의 책을 한 권도 구입하지 않았지만, 매일 하던 '미스즈 참배'는 빠뜨리지 않았다. 설령 수업을 땡땡이친 날이라도 말이다. 당시 나는 언젠가 미스즈쇼보의 책을 망설이지 않고 구입하고 나아가 그 책을 읽어내기까지 하는 어른이 되고 싶었다.

그뿐이 아니다. 1993년 3월 하순, 사가현에 있는 신설 의과대학을 졸업한 나는 자취생의 얼마 안 되는 살림살이를 고물 중고차(학창 시절에 부모가 보내준 국립대학의 한 학기 수업료 15만 엔을 그대로 써서 충동 구매한, 누가 봐도 수상한 외제차였다.)에 싣고 귀향하는 폭거를 감행했다. 꼬박 이틀 동안 장거리 운전을 한 끝에 간신히 오다와라에 도착한 내가 고향 집보다 먼저

• R·D·レイン(著), 阪本 健二·志貴 春彦·笠原 嘉(譯),『ひき裂かれた自己』みすず書房 1971. (한국어판: 신장근 옮김,『분열된 자기』문예출판사 2018.)

찾은 장소 역시 두말할 필요 없이 이세지서점의 본점, 그것도 미스즈쇼보 코너였다.

그처럼 개인적인 감상이 많은 미스즈쇼보에서 월간지 연재를 청탁한 것이었다. 기쁘지 않을 리가 없었다. 심지어는 자꾸 감상적으로 치우치는 내 마음을 억누르기 힘들 정도였다. 실제로 연재를 시작하기 전 우연히 오다와라에 출장을 가게 되었는데, 그 기회를 이용해서 이세지서점 본점에 재방문을 계획하기도 했다. 하지만 그 서점은 더 이상 예전 자리에 존재하지 않았고, 오랜 역사에는 종지부가 찍혀 있었다. 그런 사실이 내 감상에 더욱 박차를 가했다.

아마 그 때문일 것이다. 당초 좀더 학술적인 내용을 연재에 쓰려고 계획했지만, 막상 집필에 착수하자 마치 정년퇴직한 노인처럼 옛날이야기만 계속 쓰는 스스로에게 좀 당황했다. 하지만 결과적으로 그러길 잘했다고 생각한다. 정신과 의사로서 내 기원을 돌아보는 좋은 기회였기 때문이다.

처음 책에 손을 대고 2년 뒤, 마침내 나는 『분열된 자기』를 구입했다. 시골 의대에 간신히 입학을 허락받은 직후, 나 자신에 대한 축하 선물로 이세지서점 본점에서 구입한 것이다. 그리고 입학식을 위해 사가현으로 가는 기나긴 여정―유별난 걸 좋아하는 나는 굳이 침대차를 선택했다—중에 누구의 방해도 받지 않고 그 책을 탐독했다.

결국 한숨도 자지 않고 책을 전부 읽은 나는 비스듬히 비치는 아침 햇살에 눈을 가늘게 뜬 채 인적 없는 사가역의 플랫폼에 내려서서 로널드 랭이라는 정신과 의사에 관해 생각했다. '이 의사, 펑크 로커 같다.' 그게 솔직한 감상이었다. 굳이 말할 필요도 없이 랭의 책은 열아홉 살이던 내가 소화할 수 없는 내용이었는데, 그래도 저자가 무엇에 분노하고 무엇에 도전하여 싸우려 하는지는 이해할 수 있을 것 같았다.•

그 뒤로 35년 가까운 세월이 지난 지금 돌이켜보니, 나와 랭 사이에서 기묘한 일치라고 할지 인연 같은 것을 느낄 수밖에 없다.

물론 나를 랭에 비교하다니 주제넘기 그지없고, 착각도 유분수라고 비난해도 할 말이 없지만, 그래도 역시 한 가지 공통점이 있다고 생각한다. 바로 서로 상대는 다르지만, 나 역시 분노하고, 도전하고, 싸우려 한다는 점이다.

• 랭은 『분열된 자기』에서 조현병을 앓는 이들이 단순한 정신병 환자가 아니라 '자신과 세계의 관계에서 불화'를 겪으며, '자신과 자신의 관계에서 분열'을 경험한 사람이라고 주장했다. 이는 조현병 환자를 무조건 입원시켜 약물과 전기 충격으로 치료하던 당시의 정신의학에 혁명적인 주장이었다.

현재 일본에서는 각성제 의존증이라는 병이 심각한 사람일수록 병원이 아니라 교도소에 수용되어야 한다.

18세기 말 프랑스의 의사 필리프 피넬Philippe Pinel은 그때껏 범죄자와 함께 교도소에 수용되어 '형벌이라는 치료'를 받던 정신장애인들의 족쇄를 풀어주었다. 정신의학 교과서에는 그 일이 근대 정신의료의 단초라고 쓰여 있다. 그런데 21세기 일본에서는 본래 치료와 지원을 받아야 하는 사람들이 여전히 교도소에 갇혀 있는 것이다.

이해하기 어려운 모순도 있다. 매일 저녁 술을 마시고, 때로는 과음하여 함부로 말하거나 폭언을 내뱉어 주위를 질리게 만들고, 급기야 동료의 부축을 받으며 간신히 택시에 올라타는 사람은 아무런 질책도 받지 않는 것이다. 친구를 다소 잃을 수 있지만, 단순히 '술버릇이 나쁜 사람'이라며 넘어갈 뿐이고, 최악이라도 '병에 걸린 사람'으로 보는 게 고작이다. 그와 비교해 긴장을 풀기 위해 주말 밤에만 조용히 대마를 피우는 사람은 어떨까? 설령 일도 가정생활도 아무 지장이 없고 심신 모두 건강하다 해도, 일단 대마를 소지한 게 발각되면 학창 시절의 부조리한 교칙 같은 법률에 따라 '범죄자'로 단죄되어 인권을 박탈당하고, 그때껏 쌓은 사회 공헌과 업적이 모두 부정되어 어쩔 수 없이 사회적으로 고립된다.

나는 일본의 이런 제도에 오랫동안 의문을 품어왔다. 의존증 임상 현장에 몸담아 경험을 쌓을수록 그 의문은 점점 더 커졌다. 즉, "안 돼, 절대로."는 거짓말이다, 이 세상에는 좋은 약물도 나쁜 약물도 없다, 있는 것은 약물의 좋은 사용법과 나쁜 사용법뿐이다, 그리고 나쁜 사용법을 끊지 못하는 사람에게는 무언가 다른 어려움이 있다는 것이다. 이런 생각은 시간이 지나며 확신으로 변했고, 이제 더 이상 스스로를 속일 수 없다고 느끼기에 이르렀다.

이렇게 바꿔 말할 수도 있다. '힘들게 하는 사람'은 '힘들어하는 사람'이라고. 나라가 약물 대책으로 취해야 하는 것은 법 규제를 늘려서 쓸데없이 범죄자를 만들어내는 것이 아니다. 약물이라는 '물건'에 빠질 수밖에 없는, 무언가 고통을 안고 있는 '사람'을 지원하는 것이야말로 필요하다.

그런 점을 고려하면 역시 나는 나름 도전하며 싸움을 벌이고 있는 것이다. 그렇게 자각하기까지 겪은 방황과 잡다한 생각을 정리한 것이 이 책에 수록한 글들이다.

마지막으로 동경하던 미스즈쇼보에서 책을 내는 귀중한 기회를 준 다도코로 슌스케에게 진심으로 감사를 전하고 싶다. 그와 나의 인연은 15년 전 내 첫 책이 출간된 직후부터 시작되었다.

그는 그 뒤로 오랫동안 내가 하는 일을 지켜봐주었고, 이번에 실로 절묘한 타이밍에 월간지 연재를 제안해주었다. 또한 연재 중에 툭하면 글이 막히던 나를 교묘하게 추어올리고 격려해주었다. 이 책에 조금이나마 의미 있는 문장이 있다면, 모두 다도코로 슌스케의 전폭적인 지원 덕분일 것이다.

이 책이 '정신의학'이라는 마을을 벗어나 많은 독자들에게 널리 읽히기를 기원한다.

2021년 2월

코로나19로 인한 두 번째 긴급사태선언이 발령된 도쿄에서

마쓰모토 도시히코

71면   井原 裕,『激励禁忌神話の終焉』日本評論社 2009.

127면   R. H. Seiden, "Where are they now? A follow-up study of suicide
        attempters from the Golden Gate Bridge", *Suicide and Life-Threatening
        Behavior*, 8: p.203-216, 1978.

144면   D. J. Nutt, L. A. King, L. D. Phillips, "Drug harms in the UK: a multicriteria
        decision analysis", *Lancet*, 376: p.1558-1565, 2010.

153면   Y. Kamijo, M. Takai, Y. Fujita, et al., "A Retrospective Study on the
        Epidemiological and Clinical Features of Emergency Patients with Large
        or Massive Consumption of Caffeinated Supplements or Energy Drinks
        in Japan", *Internal Medicine*, 1; 57(15): p.2141-2146, 2018.

167면   K. Hazama, S. Katsuta, "Factors Associated with Drug-Related Recidivism
        Among Paroled Amphetamine-Type Stimulant Users in Japan", *Asian
        Journal of Criminology*, 15: p.1-14, 2020.
        嶋根 卓也, 高橋 哲, 竹下 賀子 ほか,「覚せい剤事犯者における薬物依存の
        重症度と再犯との関連性: 刑事施設への入所回数からみた再犯」『日本アル
        コール・薬物医学会雑誌』, 54: p.211-221, 2019.

172면   嶋根 卓也, 邱冬梅, 和田 清,「薬物使用に関する全国住民調査(2017年)平
        成二九年度厚生労働科学研究費補助金医薬品・医療機器等レギュラトリー
        サイエンス政策研究事業牙薬物乱用・依存状況等のモニタリング調査と薬
        物依存症者・家族に対する回復支援に関する研究(研究代表者: 嶋根卓也)
        牛分担研究報告書』p.7-184, 2018.

208면   松本 俊彦, 成瀬 暢也, 梅野 充 ほか,「Benzodiazepines使用障害の臨床的
        特徴とその発症の契機となった精神科治療の特徴に関する研究」『日本ア
        ルコール・薬物医学会雑誌』, 47(6): p.317-330, 2012.

214면   南条 あや,『卒業式まで死にません: 女子高生南条あやの日記』新潮社 2000.

243~244면　伊藤 敦子,伊藤 順通,「外因死ならびに災害死の社会病理学的検索(4)飲酒の関与度」『東邦医会誌』, 35: p.194-199, 1998.

C. J. Cherpitel, G. L. Borges, H. C. Wilcox, "Acute alcohol use and suicidal behavior: a review of the literature", *Alcoholism: Clinical and Experimental Research*, 28: (5 Suppl): p.18-28, 2004.

P. Mäkelä, "Alcohol consumption and suicide mortality by age among Finnish men, 1950-1991", *Addiction*, 91: p.101-112, 1996.

M. Ramstedt, "Alcohol and suicide in 14 European countries", *Addiction*, 96: Suppl 1: S59-S75, 2001.

S. T. Chermack, P. R. Giancola, "The relation between alcohol and aggression: An integrated biopsychosocial conceptualization", *Clinical Psychology Review*, 17: p.621-649, 1997.

R. A. Josephs, C. M. Steele, "The two faces of alcohol myopia: Attentional mediation of psychological stress", *Journal of Abnormal Psychology*, 99: p.115-126, 1990.

248면　ウィリアム・ジェイムズ(著), 桝田 啓三郎(譯),『宗教的経験の諸相 下』岩波文庫1970. (한국어판: 윌리엄 제임스 지음, 김재영 옮김,『종교적 경험의 다양성』한길사 2000.)

251면　B. Alexander, P. F. Hadaway, "Opiate addiction: The case for an adaptive orientation", *Psychological Bulletin*, 92: p.367-381, 1982.

252면　요한 하리,「당신이 중독에 관해 안다고 생각하는 모든 것은 잘못되었습니다」 TEDGlobalLondon (https://www.ted.com/talks/johann_hari_everything_you_think_you_know_about_addiction_is_wrong?language=ko)

살아남기 위해 필요한 고통

인간은 왜 취하고 상처 내고 고립되는가

초판 1쇄 발행 2022년 12월 7일

지은이 마쓰모토 도시히코
옮긴이 김영현
펴낸이 김효근
책임편집 김남희
펴낸곳 다다서재
등록 제2019-000075호(2019년 4월 29일)
전화 031-923-7414
팩스 031-919-7414
메일 book@dadalibro.com
인스타그램 @dada_libro